ANDRÉ DUPLEIX

Orar 15 dias com

O CONCÍLIO VATICANO II

SANTUÁRIO

Diretor Editorial:
Pe. Marcelo C. Araújo, C.Ss.R.

Coordenação Editorial:
Ana Lúcia de Castro Leite

Tradução:
Pe. José Augusto da Silva, C.Ss.R.

Copidesque:
Leila Cristina Dinis Fernandes

Revisão:
Benedita Cristina G. N. da Silva

Diagramação e Capa:
Mauricio Pereira

Título original: *Prier 15 jours avec le Concile Vatican II*

Domaine d'Arny
91680 Bruyères-le-Chatel

Dados Internacionais de Catalogação na Publicação (CIP)
(Câmara Brasileira do Livro, SP, Brasil)

Dupleix, André

Orar 15 dias com o Concílio Vaticano II / André Dupleix; [tradução José Augusto da Silva]. – Aparecida, SP: Editora Santuário, 2013. (Coleção orar 15 dias, 26)

Título original: Prier 15 jours avec le Concile Vatican II
Bibliografia.
ISBN 978-85-369-0297-5

1. Concílio Vaticano (2.: 1962-1965) 2. Meditações 3. Orações I. Título. II. Série.

13-02859 CDD-242.2

Índices para catálogo sistemático:
1. Meditações e orações: Vida cristã:
Cristianismo 242.2

Composição em sistema CTcP, impressão e acabamento:
Editora Santuário - Rua Padre Claro Monteiro, 342
Fone: (12) 3104-2000 - 12570-000 - Aparecida-SP.

PREFÁCIO

Orar com Vaticano II

O Segundo Concílio do Vaticano, XXI concílio ecumênico, reuniu em Roma, de 11 de outubro de 1962 a 8 de dezembro de 1965, cerca de 2.400 bispos vindos do mundo inteiro, uma centena de observadores não católicos, peritos, ouvintes leigos e consultores. Cinquenta anos depois de sua abertura, é bom que a Editora Santuário incorpore este acontecimento na coleção *Orar 15 dias com...* Uma iniciativa idêntica havia sido tomada em 1972, desde o segundo número desta coleção, sendo a redação confiada então ao cardeal Gabriel Maria Garrone. A presente obra inscrever-se-á bem evidentemente em seu sulco espiritual, embora sendo concebida diferentemente.

Se há uma primeira questão que se pode colocar, no quadro de tal coleção, é bem esta: como orar com um concílio? Não apenas *a partir* de um concílio, mas antes *com*... Que se possa orar com grandes testemunhas da fé cristã, místicos, fundadores de ordens, homens ou mulheres cuja vida e diferentes responsabilidades fizeram discípulos do Cristo, isso parece evidente... Mas com um concílio?

Há efetivamente de que hesitar se não se considera um concílio senão sob o ângulo dos documentos produzidos, dos múltiplos debates ocasionados ou das diferentes decisões que puderam ser tomadas. É omitir, neste caso, dois aspectos contudo essenciais:

– Primeiramente, o fato que, ao longo da história da Igreja, essas assembleias de bispos, quaisquer que sejam sua dimensão e qualificação – ecumênica, provincial, regional ou local –, foram acompanhadas espiritualmente pela liturgia e pela oração dos participantes e apoiadas pelo fervor dos fiéis. Não hesitamos em dizer: até nas circunstâncias mais difíceis – oposições frontais, tensões ideológicas, retomadas políticas ou conflitos de interesses – a unidade da Igreja, para qual os concílios contribuíram, foi mantida pela celebração e pela consciência apostólica da maioria dos bispos.

– O segundo aspecto considerado é que vários desses concílios estão direta ou indiretamente associados à liturgia da Igreja. Cito apenas três e não dos menores: Niceia, em 325; Constantinopla, em 381, cujas afirmações estruturaram a profissão de fé cristã; Niceia II, em 787, que definitivamente oficializou o lugar e o culto das imagens na liturgia.

Não devemos igualmente recordar que o Concílio Vaticano II foi aberto, concluído e marcado por celebrações solenes, mostrando que os debates, as reuniões e decisões dos Padres eram colocadas sob a proteção divina e abertas ao sopro, muitas vezes imprevisível, do Espírito Santo?

O propósito desta obra é suscitar nossa oração com a ajuda das palavras mais significativas, até mesmo as mais fortes, do conjunto dos documentos conciliares. Deliberadamente fizemos a escolha de manter quinze (um por dia) dos dezesseis promulgados, embora conhecendo, certamente, a importância e o lugar importante das quatro grandes constituições.

É então a uma outra abordagem do Concílio, mais espiritual que doutrinal, que nos convida este livro. Não se trata, em princípio, de uma abordagem técnica do conteúdo ou do contexto dos documentos. Numerosas publicações já existem sobre esse plano e não deixarão de ser lembradas. Nosso objetivo é perceber em transparência, na diversidade dos escritos – até mesmo dos estilos –, a presença e a luz Daquele que garante internamente sua coerência e sua capacidade de suscitar nossa oração.

O conjunto assemelha-se a uma atividade litúrgica. Cada dia corresponde a um documento, caracterizado por uma palavra-chave, traduzindo a perspectiva de conjunto. É concluído por uma proposta de texto para meditar e uma oração. Os quinze dias propostos estão repartidos em quatro grandes eixos:

– ***Os fundamentos*** (as quatro constituições)

Presença – Revelação – Comunhão – Celebração

– ***Os sinais da graça***

Ministério – Chamado – Dom – Responsabilidade – Diversidade

– Os meios

Evangelização – Formação – Comunicação

– A abertura

Liberdade – Unidade – Diálogo

Em forma de conclusão, pensamos que as sete mensagens dirigidas pelo Concílio, cuja importância e alcance não é preciso minimizar, podiam ser reunidas e propostas sob a forma de uma prece universal.

INTRODUÇÃO

Um acontecimento importante

Para nos preparar para adaptar nossa oração às grandes orientações conciliares, é necessário evocar, por meio de algumas reflexões preliminares, as razões pelas quais esse Concílio, estreitamente ligado ao conjunto da Tradição cristã, constitui um acontecimento importante e incontornável na vida presente da Igreja católica e dos fiéis.

Na tradição conciliar

Em tudo sendo numericamente a assembleia mais importante da história da Igreja, o Concílio Vaticano II se insere plenamente na sequência das outras assembleias de bispos tendo marcado a extensão do cristianismo. Esses acontecimentos, quaisquer que sejam sua singularidade institucional e seu contexto cultural até mesmo político, atestam a dimensão histórica da fé cristã, a permanência da colegialidade e da comunhão como estruturas fundamentais da Igreja e a realidade do desenvolvimento do dogma.

Contudo, de fato, o que é um concílio? É uma assembleia de bispos, convocada regular ou pontualmente, em dimensão seja universal (todos os bispos do mundo em concílio ecumênico), seja local, no nível de uma mesma nação. Certamente, a história da Igreja e a expansão do Evangelho do Cristo até os confins do mundo não podem ser reduzidas somente à sucessão dos concílios. Contudo estes traduzem, de modo particular e forte, a responsabilidade apostólica dos bispos para manter, em união com o papa, a unidade da Igreja universal e das Igrejas locais, bem como a coerência da fé e da doutrina cristã.

Se há uma originalidade do Concílio Vaticano II, ela já está indicada por João XXIII quando de sua convocação. Trata-se para a Igreja, sem desviar "seu olhar da herança sagrada da verdade recebida dos antigos", de voltar-se "para os tempos presentes", sem se contentar de se preocupar com o passado, de aprofundar e de apresentar a doutrina imutável da Igreja "de modo que responda às exigências de nossa época". O tom foi dado: se reforma deve haver, ela não se fará senão apoiada numa Tradição estável.

Concílio dogmático ou pastoral?

A questão não lucra em ser posta nestes termos. Certamente, João XXIII precisou bem: "Não temos por finalidade primeira discutir certos capítulos fundamentais da doutrina cristã". Contudo, a reflexão teológica – como testemunha a função importante dos peritos – estará no centro de todos os debates. Como podia ser de outro modo, já que se tratava de reafirmar a natureza e a missão da Igreja numa nova fase de desenvolvimento do mundo?

A oposição, até mesmo a separação, entre teologia e pastoral sempre foi uma atitude estéril, levando a impasses. Muito felizmente, o Concílio Vaticano II é, sobre esse ponto de certo modo, um modelo: é bem a base teológica e espiritual reafirmada e aprofundada permanentemente que permitiu não só o desdobramento e o tratamento de dossiês concernentes à vida interna da instituição eclesial, mas também levar em conta questões novas, essenciais, para a credibilidade cristã, a visibilidade da Igreja e a missão de evangelização, numa sociedade já marcada por grandes mudanças.

No caso das quatro constituições – documentos que abrem não sem razão o conjunto dos textos conciliares –, devemos notar que as duas primeiras são principalmente apresentadas como "dogmáticas" e a quarta como "pastoral". A terceira, a que trata da santa liturgia, estando na articulação legítima e constante do dogma e da pastoral.

Aparece claramente – quaisquer que sejam as tensões vivas e os desacordos provocados por certos decretos ou declarações – que este Concílio permitiu manter ao mesmo tempo o intangível e a renovação, o enraizamento e o movimento, a fidelidade e a liberdade. É o que dizia a seu modo o cardeal Garrone: "Nada de novo, todas coisas novas. Nada de novo, tudo novo, o que é verdadeiramente o sinal da fé".

Vários documentos, cujas problemáticas puderam parecer novas, não são de fato senão a expressão de uma fidelidade à fonte evangélica e aos fundamentos da doutrina cristã. Nada mais que uma interação e uma relação constantes entre os elementos estáveis e as questões que ficam abertas.

Recepção do Concílio

A expressão tornou-se inevitável... para o conjunto dos concílios, certamente, mas de maneira mais aguda ainda, no contexto presente, para o Vaticano II. Pode-se tanto mais compreender que, propriamente falando, um concílio pode permanecer letra morta se não é "recebido" pelo povo de Deus e pelo conjunto das comunidades cristãs. Um povo de Deus que assume o que os bispos formularam e decidiram. Um povo de Deus consciente de sua dimensão sacerdotal e de sua responsabilidade na missão de evangelização.

Contudo a realidade dessa recepção, para qual todos segundo suas diversas responsabilidades devem contribuir, pode ser longa e complexa. Ela não é menos essencial. Cinquenta anos depois da abertura do Concílio Vaticano II, o que se pode dizer?

Muitas coisas foram feitas e continuam a ser feitas, em todos os níveis da Igreja, nas dioceses, comunidades religiosas, associações de fiéis, movimentos e outros múltiplos lugares eclesiais, para que a dinâmica espiritual, teológica e pastoral do Concílio seja realmente percebida como um encorajamento e um apoio na missão presente de todos os batizados. A isso devemos acrescentar a contribuição incontornável das universidades católicas e das faculdades de teologia. A atitude assumida é irreversível. Muitas coisas germinaram e amadureceram. Não voltaremos atrás.

Os debates que prosseguiram, as precisões necessárias concernentes à interpretação dos textos conciliares, a constatação de desarranjos ou limites – com a condição de evitar uma leitura anacrônica dos documentos – e mesmo levar em conta razoável objeções vindas do interior da própria Igreja, tudo isso só pode propiciar um conhecimento aprofundado e uma melhor recepção da contribuição do Concílio Vaticano II, não só para os fiéis católicos, mas para o mundo.

Um "tesouro em vasos de barro"

A expressão paulina (2Cor 4,7) parece-nos convir melhor para o que podemos dizer da herança atual do Concílio Ecumênico do Vaticano II. No limiar da civilização que representava a segunda metade do século XX, a significação e o impacto dessa assembleia, que não teve equivalente em sua representatividade universal, foram e continuam sendo consideráveis. A mensagem que nos deixa o Concílio, há cinquenta anos, é simplesmente, mas com um alcance ilimitado, o de uma esperança surgida da fragilidade, sendo totalmente luz para toda a humanidade, ela também enfrentando seus contrastes, seus progressos e suas rupturas, seus sonhos e suas esperanças.

O tesouro é, certamente, a revelação de Deus e o anúncio do Evangelho, mas também uma palavra de confiança na humanidade, uma mensagem lúcida e realista que atinge cada um onde quer que esteja, de onde venha e quais sejam suas convicções espirituais, para lhe indicar um caminho de amor e de paz. Esse tesouro pode, então, dar aos vasos de barro uma resistência infinita...

OS FUNDAMENTOS

Por sua presença no mundo, a Igreja, povo de Deus e comunhão dos fiéis, transmite a Palavra revelada e celebra, em cada liturgia, a ressurreição do Cristo.

GS *Gaudium et Spes*
Constituição pastoral sobre a Igreja no mundo deste tempo.

DV *Dei Verbum*
Constituição dogmática sobre a Revelação divina.

LG *Lumen Gentium*
Constituição dogmática sobre a Igreja.

SC *Sacrosanctum Concilium*
Constituição sobre a sagrada liturgia.

Primeiro dia

PRESENÇA

A Igreja no mundo deste tempo

Por isso, o Concílio, testemunhando e expondo a fé do Povo de Deus por Cristo congregado, não pode manifestar mais eloquentemente a sua solidariedade, respeito e amor para com a inteira família humana, na qual está inserido, do que estabelecendo com ela diálogo sobre esses vários problemas, aportando a luz do Evangelho e pondo à disposição do gênero humano as energias salvadoras que a Igreja, conduzida pelo Espírito Santo, recebe do seu Fundador. (...) Por isso, o homem será o fulcro de toda a nossa exposição: o homem na sua unidade e integridade: corpo e alma, coração e consciência, inteligência e vontade (GS 3).

A Igreja, pela mensagem do Evangelho que ela transmite e por sua *presença* visível no mundo, continua a obra que o Cristo lhe confiou: dar acesso a Deus e permitir verdadeiras transformações, interiores e públicas, estando a serviço do bem comum, do amor, da justiça e da paz.

Se a Igreja é uma estrutura entre outras no mundo deste tempo, contudo ela tem consciência de ter uma responsabilidade espiritual e moral específica. O Cristo não cessa de enviá-la em missão, e esta missão leva em conta as questões essenciais que surgem do sentido da existência, do desenvolvimento e do futuro da humanidade. A Igreja está totalmente inserida no mundo, como o Cristo esteve:

"Eu vim ao mundo para dar testemunho da verdade" (Jo 18,37).

"Esta Boa Nova do Reino será proclamada no mundo todo" (Mt 24,14).

Nossa meditação centra-se aqui na missão e na contribuição da Igreja na sociedade atual.

Assegurar a presença de Deus no mundo atual, este é o alvo da Igreja: "continuar, sob a direção do Espírito Consolador, a obra de Cristo que veio ao mundo para dar testemunho da verdade, para salvar e não para julgar, para servir e não para ser servido" (GS 3).

O Concílio assume transformações e mudanças consideráveis que não são sem efeito sobre a condição humana, mas não alteram em nada *as aspirações cada vez mais universais e as interroga-*

ções profundas do gênero humano: “Subjacentes a todas as transformações, há muitas coisas que não mudam, cujo último fundamento é Cristo, o mesmo ontem, hoje, e para sempre” (10).

Trata-se antes de tudo de considerar, ao passo que novos limiares são atravessados pelas sociedades, o lugar central do ser humano e a dignidade da pessoa humana. Criado à imagem de Deus, o ser humano, homem e mulher, “por sua interioridade, transcende o universo das coisas: tal é o conhecimento profundo que ele alcança quando reentra em seu interior, onde Deus, que perscruta os corações, o espera, e onde ele, sob o olhar do Senhor, decide da própria sorte” (14).

Nós sabemos quanto a atividade humana se desenvolve hoje mais e mais amplamente no mundo. Ela não pode subtrair-se a uma regra elementar: “segundo o plano e vontade de Deus, ser conforme com o verdadeiro bem da humanidade e tornar possível ao homem, individualmente considerado ou em sociedade, cultivar e realizar a sua vocação integral” (35).

É neste contexto que se pode pôr a questão da justa autonomia das realidades terrestres. Muitos de nossos contemporâneos receiam, às vezes com razão, que a religião imponha sua visão e suas normas morais sem considerar suficientemente a liberdade inerente aos homens, a suas escolhas e a suas iniciativas. Contudo:

> Se por autonomia das realidades terrenas se entende que as coisas criadas e as próprias sociedades têm leis e valores próprios, que o homem irá gradualmente descobrindo, utilizando e organizando, é perfeitamente legítimo exigir tal autonomia. Para além de ser uma exigência dos homens do nosso tempo, trata-se de algo inteiramente de acordo com a vontade do Criador (36).

A Igreja, em nome do Evangelho, pela ação e pelo investimento dos cristãos, pode contribuir para o desenvolvimento da atividade humana. Muitos domínios são hoje, de maneira mais urgente, o objeto de uma atenção prioritária dos discípulos de Cristo.

Devemos recordar a irredutível dignidade do casamento e da família. É exatamente o amor de Deus a origem e a fonte da natureza espiritual do casamento. A família cristã pode, em uma sociedade afetada por numerosas rupturas e fragmentações, manifestar o sentido último do amor dos esposos: "E o Senhor dignou-se sanar, aperfeiçoar e elevar este amor com um dom especial de graça e caridade" (49).

Essa questão é indissociável do contexto cultural no qual vivemos. O progresso da cultura, visto sob seu maior ângulo e em sua diversidade de expressões, sempre foi estruturalmente ligado ao desenvolvimento do cristianismo: "Múltiplos laços existem entre a mensagem da salvação e a cultura humana. Deus, com efeito, revelando-se ao seu povo até à plena manifestação de Si mesmo no Filho encarnado, falou segundo a cultura própria de cada época" (58).

A mensagem do Cristo insere-se no mesmo nível em todos os campos da vida econômica e social. Esta está a serviço da pessoa humana e do bem comum. A Tradição da Igreja "no decurso dos séculos e sobretudo nos últimos tempos, formulou e proclamou à luz do Evangelho os princípios de justiça e equidade, postulados pela reta razão tanto na vida individual e social como na internacional" (63).

Sem ser dependente de algum sistema ou de alguma ideologia particular, a Igreja continua atenta à vida da comunidade política e à participação de todos na vida pública. Ela conserva, em todas as circunstâncias, sua capacidade de discernimento. Pregando a verdade evangélica e iluminando com sua doutrina e o testemunho dos cristãos todos os campos da atividade humana, ela respeita e promove também a liberdade e responsabilidade política dos cidadãos (76).

Se há hoje um domínio prioritário, é exatamente a salvaguarda da paz e a construção da comunidade das nações. A paz terrena, nascida do amor do próximo, é imagem e efeito da paz de Cristo, vinda do Pai (78).

A Igreja, por meio de suas diferentes organizações institucionais, mantém sua ação para que se persiga uma verdadeira cooperação internacional em vista da realização, entre outras, de uma ordem econômica mundial.

> Lembrados da Palavra do Senhor: "nisto reconhecerão todos que sois meus discípulos, se vos amardes uns aos outros" (Jo 13,35), os cristãos nada podem desejar mais ardentemente do que servir sempre com maior generosidade e eficácia os homens do mundo de hoje (93).

O que há hoje da reflexão e das orientações conciliares no mundo presente, cujos desdobramentos e consideráveis mudanças sabemos que o caracterizam? O contexto, certamente, não é mais o mesmo, mas, na missão atual da Igreja e na "presença no mundo deste tempo", há elementos estáveis e uma forma de permanência nos princípios de pensamento e de ação que são a marca do cristianismo na história.

Desde o fim do século II, a *Carta a Diogneto* recordava que, malgrado as dificuldades ou as incompreensões diante da jovem Igreja, a presença dos cristãos, em todos os níveis da vida da cidade, era um sinal forte da capacidade de sua fé em assumir completamente sua missão: "A responsabilidade que Deus lhes confiou é tão importante, que não lhes é permitido desertar. Numa palavra o que a alma é no corpo, os cristãos são no mundo".

Diante das novas situações, há bem uma identidade cristã e uma visibilidade da Igreja, capaz de enfrentar, em razão da pertinência do Evangelho, os numerosos desafios lançados por nosso mundo, em todos os níveis culturais, éticos e políticos, mas também espirituais e religiosos. Quaisquer que sejam a secularização ou a indiferença crescentes. O Evangelho que guia nossos passos é, hoje, um poderoso fermento de liberdade, de amor e de esperança. Ele o é por nossa fé em Deus, pela presença do Ressuscitado e pelo sopro do Espírito.

A constituição pastoral sobre a Igreja no mundo de hoje – certamente o documento conciliar mais debatido – pode ser considerada, na perspectiva amplamente aberta das relações e do diálogo renovados entre a Igreja com as sociedades, como esta "bússola muito confiável", evocada a propósito do Concílio pelo bem-aventurado João Paulo II. Um caminho aberto, um caminho traçado e o Espírito Santo que não cessa de velar e de guiar...

"Erguei vossos olhos e olhai, os campos já estão brancos para a colheita..." (Jo 4,35).

Texto para meditar: 1Cor 2,1-16.

Senhor Jesus, vós que vivestes neste mundo manifestando o amor de Deus, ajudai-nos a ser, convosco, testemunhas de vossa presença e da esperança suscitada por vosso Evangelho.

Segundo dia

REVELAÇÃO

A Revelação divina

Aprouve a Deus, em sua bondade e sabedoria, revelar-se a Si mesmo e dar a conhecer o mistério de sua vontade (cf. Ef 1,9), segundo o qual os homens, por meio de Cristo, Verbo encarnado, têm acesso ao Pai no Espírito Santo e se tornam participantes da natureza divina (cf. Ef 2,18; 2Pd 1,4). (...) Porém, a verdade profunda tanto a respeito de Deus como a respeito da salvação dos homens, manifesta-se-nos, por esta revelação, em Cristo, que é, simultaneamente, o mediador e a plenitude de toda a revelação (DV 2).

Deus não ficou o estranho, o distante, o incomunicável. Ele nos falou, manifestou-se. Todas as etapas da Revelação na história dos homens são como um *tirar o véu* de Deus, realizado de maneira decisiva em Jesus de Nazaré. É exatamente o conjunto desSes acontecimentos que constituem a novidade e a singularidade radicais do cristianismo.

A Revelação é histórica, pois Deus se manifestou em tempos e lugares determinados. Ela traduz uma intenção de Deus diante de sua criação. Deus vem ao homem. Ele toma a iniciativa e fala primeiro. Ele se compromete diante de um povo e por ele diante da humanidade por uma aliança e uma promessa. E esta promessa adquire um alcance que ultrapassa o quadro dos acontecimentos particulares.

Eis aí aquilo a que nos dá acesso a Sagrada Escritura, que é não só relato da história bíblica, mas experiência de um encontro com Aquele que fala ao longo de toda essa história, até nossos dias. Há, então, uma relação entre Deus e a história, que se concretiza na pessoa de Jesus, o Cristo. A história ganha um sentido novo. Em um mundo marcado pela interrupção e pela descontinuidade, Deus se manifesta como aquele que dá balizas estáveis e abre, para a humanidade, um horizonte de liberdade e paz.

"Depois de ter falado muitas vezes e de diversos modos aos pais nos profetas, Deus, no período final em que estamos, falou-nos num Filho que ele estabeleceu herdeiro de tudo e por quem também criou os mundos" (Hb 1,1-2).

Nossa meditação centra-se aqui na importância da Sagrada Escritura como expressão maior da Revelação.

Se a Revelação, como manifestação e comunicação de Deus, desenvolve-se ao longo de toda a história bíblica, ela se realiza definitivamente em e por Cristo:

> Por isso, Ele, (...), com toda a sua presença e manifestação de sua pessoa, com palavras e obras, sinais e milagres, e sobretudo com sua morte e gloriosa ressurreição, enfim, com o envio do Espírito de verdade, completa totalmente e confirma com o testemunho divino a revelação, a saber, que Deus está conosco... (4).

A parte da história e a mensagem que constituem o conjunto da Escritura, e particularmente o Novo Testamento, foram o objeto de uma transmissão e de uma reflexão que progressivamente constituíram o que chamamos a Tradição. Uma "tradição apostólica que progride na Igreja sob a assistência do Espírito Santo" (8). Que é feito da relação entre a Escritura e a Tradição? O Concílio, propondo uma chave de interpretação, aborda essa questão que foi durante muito tempo um assunto de debates e de divergências no plano ecumênico:

A sagrada Tradição, portanto, e a Sagrada Escritura estão intimamente unidas e compenetradas entre si. Com efeito, derivando ambas da mesma fonte divina, fazem como que uma coisa só e tendem ao mesmo fim (9).

A sagrada Tradição e a Sagrada Escritura constituem um só depósito sagrado da palavra de Deus, confiado à Igreja (10).

A Igreja considera a Escritura como inspirada pelo Espírito Santo e, portanto, portadora da verdade que Deus nos revela para dar um sentido a nossa vida e orientá-la na direção do bem. Contudo, isso não impede em nada um trabalho de interpretação desta Escritura, pela qual Deus "falou por meio dos homens e à maneira humana" (12). Os exegetas, por suas pesquisas sobre a Escritura e à luz "do mesmo Espírito com que foi escrita" (12), têm então um discernimento a fazer, em Igreja, em vista de uma melhor compreensão da Palavra de Deus.

Nossa leitura da Bíblia, Escritura e Palavra de Deus, integra o Antigo e o Novo Testamentos. O Concílio mostra a importância dos livros do Antigo Testamento para os cristãos, pois "revelam, contudo, a verdadeira pedagogia divina. (...) esses livros exprimem o vivo sentido de Deus, nos quais se encontram sublimes doutrinas a respeito de Deus, uma sabedoria salutar a respeito da vida humana, bem como admiráveis tesouros de preces" (15).

Contudo é no Novo Testamento que a Palavra de Deus está presente com uma autoridade particular. Os evangelhos possuem uma superioridade merecida, "têm o primeiro lugar, enquanto são o principal testemunho da vida e doutrina do Verbo encarnado, nosso salvador" (18).

Os outros escritos apostólicos, como as cartas do apóstolo Paulo, todos referentes à pessoa e à mensagem do Cristo, confirmam, precisando seu ensinamento, o conjunto dos relatos evangélicos. Eles permitem aprofundar a obra do Cristo com seu poder de salvação, "são narrados os começos da Igreja e a sua admirável difusão, e é anunciada a sua consumação gloriosa" (20).

A constituição termina recordando a importância da Sagrada Escritura na vida da Igreja: "É tão grande a força e a virtude da palavra de Deus que se torna o apoio vigoroso da Igreja, solidez da fé para os filhos da Igreja, alimento da alma, fonte pura e perene de vida espiritual" (21).

É necessário que todos os cristãos tenham o mais amplamente possível acesso à Sagrada Escritura e disponham de diferentes versões e traduções, mas também do trabalho dos teólogos que se dedicam às ciências bíblicas. A teologia "apoia-se na Palavra de Deus" contida na Sagrada Escritura, que é para ela "como sua alma" (24).

Não é tudo, porém, ter acesso, é preciso ainda considerar que se a leitura da Escritura permite conhecer a natureza e o conteúdo da Revelação divina, a leitura deve igualmente ressoar no interior, sendo ligada à celebração e à oração. Que os cristãos "lembrem-se, porém, que a leitura da Sagrada Escritura deve ser acompanhada de oração, para que seja possível o diálogo entre Deus e o homem" (25).

O que dizer de Deus ao nosso mundo atual? Como os cristãos, em meio a outras e numerosas proposições espirituais ou considerações diferentes da existência e da história, podem explicar sua fé? Falando hoje de "Revelação de Deus", nós estamos um pouco como Paulo diante do areópago de Atenas (At 17,16-34), suscitando às vezes uma reação próxima da dos atenienses: "Tu tornas a bater em nossos ouvidos palavras estranhas e nós queremos saber o que elas querem dizer" (17,20).

Para serem compreendidas, nossas palavras e nosso anúncio devem traduzir o que vivemos interiormente. É acolhendo e meditando a Sagrada Escritura que nos preparamos, com o auxílio do Espírito Santo, para dar testemunho de Jesus Cristo e, por ele, dar acesso a Deus que se revela e se doa ao mundo. A Sagrada Escritura é, pois, Palavra viva de Deus. Ela alimenta a fé e a prática das comunidades cristãs e de cada um de seus membros. Ela está no centro da proclamação evangélica e da missão da Igreja.

O papa Bento XVI o recorda em sua exortação apostólica *Verbum Domini:* "É a própria Palavra que nos impele para os irmãos: é a Palavra que ilumina, purifica, converte; nós somos apenas servidores. Por isso, é necessário descobrir cada vez mais a urgência e a beleza de anunciar a Palavra para a vinda do Reino de Deus, que o próprio Cristo pregou" (VD 93).

Nós somos, como discípulos do Cristo, responsáveis por essa Palavra. Ela nos é entregue para que a transmitamos, com a condição de que antes vivamos dela e a celebremos nesta Igreja do Cristo, cuja Tradição ela formulou e guiou.

"E o Verbo se fez carne e habitou entre nós e nós vimos sua glória, esta glória que, Filho único cheio de graça e de verdade, ele recebeu do Pai (...). Ninguém jamais viu a Deus. O Filho único, que está no seio do Pai, o revelou" (Jo 1,14.18).

Texto para meditar: Jo 1,1-18.

Deus nosso Pai, vós cuja Palavra viva não cessa de vos revelar e de nos enviar em missão, permiti que, escutando esta Palavra, dela recebamos força e luz.

Terceiro dia

COMUNHÃO

A Igreja

Mas porque a Igreja, em Cristo, é como que o sacramento, ou sinal, e o instrumento da íntima união com Deus e da unidade de todo o gênero humano, pretende ela, na sequência dos anteriores Concílios, pôr de manifesto com maior insistência, aos fiéis e a todo o mundo, sua natureza e missão universal. E as condições do nosso tempo tornam ainda mais urgentes este dever da Igreja, para que deste modo os homens todos, hoje mais estreitamente ligados uns aos outros, pelos diversos laços sociais, técnicos e culturais, alcancem também a plena unidade em Cristo" (LG 1).

Que seríamos nós fora da Igreja? Ajuntamento universal, mas também em cada comunidade, de todos os fiéis batizados, presença de Cristo ressuscitado, ela realiza a *comunhão* dos cristãos num mesmo corpo, do qual Cristo é a cabeça: "Ele é a cabeça do Corpo que é a Igreja" (Cl 1,18). A Igreja não pode ser compreendida senão pelo Cristo. É precisamente ele que é "luz das nações" – título desta constituição – e é somente dele que a Igreja e o conjunto dos fiéis podem receber estas palavras que traçam sua responsabilidade: "Vós sois a luz do mundo" (Mt 5,14).

O cristianismo, das origens a nossos dias e até em suas fragmentações internas, não pode ser concebido sem referência a uma Igreja, querida pelo Cristo e tornada visível, em diferentes escalas, pelo ministério apostólico e pelas comunidades cristãs.

Entre a fundação das primeiras Igrejas relatada pelo livro dos Atos e a assembleia do Concílio Vaticano II, entre as celebrações clandestinas e as liturgias solenes por todo o mundo, até na diversidade de forma e de número de todas as comunidades cristãs, é o mesmo testemunho e a mesma comunhão visível ou invisível, o mesmo serviço à humanidade. Eis aí o que é, o que vive e o que permite a Igreja.

"Quanto ao fundamento, ninguém pode colocar outro diverso do que foi posto: Jesus Cristo" (1Cor 3,11).

Nossa meditação centra-se aqui sobre os principais aspectos da Igreja, dos quais vários serão desenvolvidos nos dias que seguem.

A natureza trinitária de Deus está no centro do mistério da Igreja. Por sua realidade histórica, ela se insere no desígnio do Pai: "A Igreja, ou seja, o Reino de Cristo já presente em mistério, cresce visivelmente no mundo pelo poder de Deus..." Ela concretiza a missão do Filho: "Todos os homens são chamados a esta união com Cristo, luz do mundo, do qual vimos, por quem vivemos, e para o qual caminhamos" (3). Ela é santificada pelo Espírito: "O Espírito habita na Igreja e nos corações dos fiéis (...). Assim a Igreja toda aparece como um povo unido pela unidade do Pai e do Filho e do Espírito Santo" (4).

É esta imagem de povo que o Concílio atribui à Igreja, num capítulo inteiro da constituição. Complementarmente à imagem de Corpo místico de Cristo, tirada do ensinamento de São Paulo – *Nós nos tornamos assim os membros deste corpo* (cf. 1Cor 12,27) – a de povo de Deus é determinante:

> É condição deste povo a dignidade e a liberdade dos filhos de Deus, em cujos corações o Espírito Santo habita como num templo. (...) Aos que se voltam com fé para Cristo, autor de salvação e princípio de unidade e de paz, Deus chamou-os e constituiu-os em Igreja, a fim de que ela seja para todos e cada um sacramento visível desta unidade salutar (9).

Neste povo, todos os batizados estão unidos por um sacerdócio comum: "O sacerdócio comum dos fiéis e o sacerdócio ministerial ou hierárquico, embora se diferenciem essencialmente e não apenas em grau, ordenam-se mutuamente um ao outro; pois um e outro participam, a seu modo, do único sacerdócio de Cristo" (10).

A coletividade dos fiéis tem uma dimensão profética e não pode se enganar quando "por meio do sentir sobrenatural da fé do povo todo, quando este, 'desde os Bispos até ao último dos leigos fiéis', manifesta consenso universal em matéria de fé e costumes" (12). É como povo de Deus, portador da Boa-Nova em nome de Cristo, na comunhão de todas as categorias de fiéis, mas também em ligação com os não católicos ou os que não partilham a fé cristã, que a Igreja tem uma responsabilidade universal.

A serviço dos fiéis estão os diferentes ministérios, cuja importância o Concílio recorda *para assegurar ao povo de Deus os meios de seu crescimento* (cf. LG 18). O episcopado – sobre o qual trataremos mais, bem como sobre os padres e os leigos, nos dias seguintes – é aqui o objeto de um longo desenvolvimento. Trata-se de situá-lo bem, em sua dimensão sacramental e sua tríplice função de ensino, de santificação e de governo, dentro do povo de Deus: "Portanto, os Bispos receberam, com os seus colaboradores os presbíteros e diáconos, o encargo da comunidade" (20). O Concílio decide, por isso, que "o diaconado poderá ser, para o futuro, restaurado como grau próprio e permanente da Hierarquia" (29).

O lugar específico dos leigos na Igreja – um capítulo inteiro da constituição lhes é dedicado – é reafirmado, "ainda mesmo quando ocupados com os cuidados temporais, podem e devem os leigos exercer valiosa ação para a evangelização do mundo" (35).

É o conjunto do povo de Deus, reunidos em Igreja pelo Cristo, que é chamado à santidade. As formas são diversas, mas ninguém é privilegiado neste caminho:

> É, pois, claro a todos, que os cristãos de qualquer estado ou ordem, são chamados à plenitude da vida cristã e à perfeição da caridade. Na própria sociedade terrena, esta santidade promove um modo de vida mais humano (40).

É precisa e logicamente, voltando-se para a santidade de Maria, Mãe de Deus, que se conclui esta reflexão sobre a Igreja. É ela que permitiu, aceitando a vontade de Deus, que se realizasse, por Jesus, a ligação decisiva entre o Criador e a História. *No mistério da Igreja (...) ela ocupa o primeiro lugar* (cf. 63). Por sua fé, sua confiança na Palavra de Deus, sua abertura ao sopro do Espírito e seu amor de mãe, ela é um verdadeiro modelo para a Igreja. Ela não cessa de nos orientar e de nos guiar para o Cristo. As palavras conciliares concernentes a Maria concluem de certo modo tudo o que precede. Evocar Maria é falar à Igreja e da Igreja com uma linguagem de confiança e de Amor. Ela "brilha como sinal de esperança segura e de consolação, para o Povo de Deus ainda peregrinante" (68).

A Igreja atravessou todas as turbulências da história para ser hoje, por nós, um sinal estável de esperança para o mundo. Nós conhecemos bem as palavras de Jesus: “E eu, eu te declaro: Tu és Pedro e sobre esta pedra eu construirei minha Igreja e o Poder da morte não terá força contra ela” (Mt 16,18).

Nós cremos na resistência e na solidez da rocha sobre a qual se apoia a Igreja. Grande e frágil Igreja, grande pelo Cristo, frágil por nós! Luminosa e dolorosa Igreja que continua sua tarefa de revelação no meio das provações e das recusas! Malgrado a imperfeição de seus membros e de nossos limites humanos, a Igreja continua sendo, pela força do Ressuscitado, um sinal de Amor, de reconciliação e de paz, diante do mundo.

Amar a Igreja, “sacramento da salvação”, é fazer a opção de compreender interiormente e ouvir, na própria situação de nossas rupturas, de nossos questionamentos, de nossos conflitos ou de nossas contestações, uma palavra que nos fala da permanência e da estabilidade que são as mesmas de Deus, mesmo na provação e até na morte. Um Deus que nenhuma resposta pode encerrar, nenhuma recusa pode desesperar. Um Deus perpetuamente a vir.

“Ao que é poderoso para realizar por nós em tudo infinitamente além do que pedimos ou pensamos, a ele seja a glória na Igreja e em Cristo Jesus, por todas as gerações dos séculos dos séculos. Amém" (Ef 3,20-21).

Texto para meditar: 1Pd 2,4-10.

Trindade santa, vós que sois fonte da comunhão de toda a Igreja, fazei de nós um povo reunido, que seja para a humanidade inteira um sinal de unidade e de paz.

Quarto dia

CELEBRAÇÃO

A sagrada liturgia

> Contudo, a Liturgia é simultaneamente a meta para a qual se encaminha a ação da Igreja e a fonte de onde promana toda a sua força. Na verdade, o trabalho apostólico ordena-se a conseguir que todos os que se tornaram filhos de Deus pela fé e pelo Batismo se reúnam em assembleia para louvar a Deus no meio da Igreja, participem no Sacrifício e comam a Ceia do Senhor. (...) Da Liturgia, pois, em especial da Eucaristia, corre sobre nós, como de sua fonte, a graça, e por meio dela conseguem os homens com total eficácia a santificação em Cristo e a glorificação de Deus, a que se ordenam, como a seu fim, todas as outras obras da Igreja (SC 10).

A Igreja nasceu no sopro da ressurreição e se estruturou em torno da *celebração* regular da Páscoa. A liturgia, sob suas diferentes formas e tendo em conta sua evolução na história, está bem no centro da vida eclesial. Nenhum anúncio, nenhuma proclamação, nenhum envio que não estejam fundamentalmente ligados à celebração sacramental. Se a liturgia não é a totalidade da ação missionária da Igreja, não pode, contudo, estar dela dissociada. Necessária à comunidade cristã, ela é sua fonte espiritual e lhe dá, como a cada membro, a confiança e a força suficientes para testemunhar a presença do Ressuscitado e de seu Evangelho.

"Eles eram assíduos ao ensino dos apóstolos e à comunhão fraterna, à fração do pão e às orações" (At 2,42). Assim nos é descrita a comunidade de Jerusalém. A descrição por São Lucas idealiza um pouco essa comunidade, mas a dimensão litúrgica não é menos evidente: Palavra de Deus e ensino, comunhão, símbolo do pão, oração. Estes elementos, sejam reunidos na Eucaristia, sejam considerados separadamente, são exatamente os diferentes aspectos da estrutura simbólica e ritual e da inspiração litúrgica da Igreja nascente.

O querigma, ou proclamação do Evangelho, é inseparável da experiência da presença do Ressuscitado. O apóstolo Paulo é a primeira testemunha (1Cor 15,1-11). A celebração litúrgica não está, assim, na fonte da transmissão da fé?

"Isto é meu corpo doado por vós. Fazei isso em memória de mim" (Lc 22,19).

Nossa meditação centra-se antes de tudo nas razões teológicas e espirituais que fazem da liturgia o coração palpitante de toda a Igreja.

A constituição conciliar explicita de início que se trata de uma *restauração da liturgia,* na fidelidade à tradição da Igreja e no reconhecimento da igualdade "em direito e honra de todos os ritos legitimamente reconhecidos". É desejado, contudo, que "onde for necessário, sejam prudente e integralmente revistos no espírito da sã tradição e lhes seja dado novo vigor, de acordo com as circunstâncias e as necessidades do nosso tempo" (4).

Contudo nenhuma restauração ou revisão é possível sem que sejam considerados os princípios gerais ou o que poderíamos chamar de elementos estáveis da liturgia que vêm de sua natureza teológica. É oportuno distinguir bem os dois níveis. A liturgia, com efeito, "compõe-se de uma parte imutável, porque de instituição divina, e de partes suscetíveis de modificação, as quais podem e devem variar no decorrer do tempo, se porventura se tiverem introduzido nelas elementos que não correspondam tão bem à natureza íntima da Liturgia ou se tenham tornado menos apropriados" (21).

O imutável vem do fato de que a liturgia permite a realização, na comunidade reunida, na Igreja e no coração de cada fiel, da obra de vida e de salvação do Cristo. Pode-se dizer que todos os símbolos e ritos, como o conjunto dos sacramentos, em sua diversidade, concorrem para o mesmo sentido: a presença efetiva do Cristo, o efeito libertador e renovador de sua morte e de sua ressurreição e sua vitória definitiva sobre o pecado e as forças do mal.

> "Está presente no sacrifício da Missa (...). Está presente com o seu dinamismo nos Sacramentos (...). Está presente em sua palavra (...). Com razão se considera a Liturgia como o exercício da função sacerdotal de Cristo. Nela, os sinais sensíveis significam e, cada um a sua maneira, realizam a santificação dos homens..." (7).

Alguma coisa nos é revelada da vida e da própria santidade de Deus e do mistério trinitário, daí a expressão "sagrada liturgia". Pode-se dizer que o conjunto das revisões propostas pelo Concílio só tem por finalidade dar acesso ao mistério e às consequências da Revelação e fazer compreender melhor, ao conjunto do povo de Deus, a natureza profunda da liturgia. Daí a dimensão justamente pastoral desse projeto:

> "O interesse pelo incremento e renovação da Liturgia é justamente considerado como um sinal dos desígnios providenciais de Deus sobre o nosso tempo, como uma passagem do Espírito Santo pela sua Igreja, e imprime uma nota distintiva à própria vida da Igreja, a todo o modo religioso de sentir e de agir do nosso tempo" (43).

A vontade do Concílio é exatamente situar suas propostas concretas – que constituem a maior parte da constituição – no centro da vida eclesial das comunidades cristãs, nas dioceses e nas paróquias. A liturgia é, de fato, por sua dimensão transversal, fonte permanente da comunhão em Cristo e da dimensão missionária da fé. Então, é necessário, lembrando o lugar central da Eucaristia, da escuta da Palavra de Deus e de sua leitura orante (*lectio divina*), permitir uma participação ativa dos fiéis nas celebrações, bem como uma melhor compreensão da natureza e dos ritos sacramentais.

> "As ações litúrgicas não são ações privadas, mas celebrações da Igreja, que é 'sacramento de unidade', isto é, Povo santo reunido e ordenado sob a direção dos Bispos. Por isso, tais ações pertencem a todo o Corpo da Igreja,

manifestam-no, atingindo, porém, cada um dos membros de modo diverso, segundo a variedade de estados, funções e participação atual" (26).

O Concílio convida os fiéis a integrar melhor em sua vida de fé o sentido do ano litúrgico que *manifesta todo o mistério do Cristo* (cf. 102), como também revalorizar o domingo, celebração específica do mistério pascal, em virtude de uma "tradição apostólica, que nasceu do próprio dia da Ressurreição de Cristo" (106). Dois outros componentes não negligenciáveis da liturgia são lembrados, que inserem também as celebrações da Igreja no campo cultural de nossas sociedades:

A música sacra, a "tradição musical da Igreja é um tesouro de inestimável valor" (112) e arte sacra, auge da arte religiosa, ambas visando "exprimir de algum modo, nas obras saídas das mãos do homem, a infinita beleza de Deus" (122).

Herdeiros que somos do Concílio Vaticano II, não podemos esquecer o caminho aberto, até nas dificuldades encontradas por sua aplicação, pela constituição sobre a sagrada liturgia. Alguns elementos experimentais tiveram sua fragilidade, não sem ser despojados de um real cuidado pastoral. O discernimento da Igreja deve manter-se, mas quantas grandes e belas celebrações da Igreja universal existiram e se tornaram possíveis, em particular pela utilização da língua ou de certos ritos próprios aos diferentes países e culturas das comunidades cristãs do mundo inteiro.

Toda liturgia se vive, hoje como sempre, na inspiração de Pentecostes, o sopro do Espírito Santo, cujas consequências foram claramente anunciadas por Jesus aos apóstolos: "Vós sereis, então, minhas testemunhas em Jerusalém, em toda a Judeia e Samaria e até às extremidades da terra" (At 1,8).

A liturgia está intimamente ligada à missão da Igreja. Ela é celebração daquele que envia. Pela experiência da presença de Cristo, ela se dispõe ao serviço e ao testemunho. Celebração, serviço, anúncio não podem ser separados. A reflexão comprometida na Igreja sobre a catequese reafirmou o lugar essencial da liturgia nas estruturas de formação e na transmissão da fé.

"Eu recomendo, então, antes de tudo, que se façam pedidos, preces, súplicas, ações de graças por todos os homens..." (1Tm 2,1).

Texto para meditar: Lc 22,7-20.

Espírito Santo, vós cujo sopro renova o coração da Igreja quando celebra o mistério da Páscoa, ajudai-nos a orar e a aumentar nossa fé em Cristo que se doa por amor.

OS SINAIS DA GRAÇA

A diversidade na Igreja dos carismas, das responsabilidades e opções de vida, bem como das tradições espirituais, atesta a riqueza da graça divina e o dom, por amor, que fazem os fiéis batizados de sua pessoa.

ChD *Christus Dominus*
Decreto sobre o encargo pastoral dos bispos.

PO *Presbyterorum ordinis*
Decreto sobre o ministério e a vida dos padres.

PC *Perfectae caritatis*
Decreto sobre a renovação e a adaptação da vida religiosa.

AA *Apostolicam actuositatem*
decreto sobre o opostolado dos leigos.

OE *Orientalium Ecclesiarum*
Decreto sobre as Igrejas orientais católicas.

Quinto dia

MINISTÉRIO

O encargo pastoral dos bispos

Também os Bispos, constituídos pelo Espírito Santo, sucedem aos Apóstolos como pastores das almas (ChD 2). Os Bispos, participando da solicitude por todas as igrejas, exercem este seu ministério, recebido pela sagração episcopal, em união com o Sumo Pontífice e sob a sua autoridade, (...) todos unidos num colégio ou corpo a favor de toda a Igreja de Deus (3).
Diocese é a porção do Povo de Deus, que se confia a um Bispo para que a apascente com a colaboração do presbitério, de tal modo que, unida ao seu pastor e reunida por ele no Espírito Santo por meio do Evangelho e da Eucaristia, constitui uma Igreja particular, na qual está e opera a Igreja de Cristo, una, santa, católica e apostólica (11).

A responsabilidade das primeiras comunidades cristãs foi confiada pelos apóstolos – Paulo tendo desempenhado neste plano uma função-chave – a homens cujo encargo se estruturou progressivamente. Segundo o modelo paulino, trata-se claramente de um *ministério* (podendo traduzir o termo grego de "diakonia"): "Já que por misericórdia nós fomos revestidos deste ministério, não perdemos coragem" (2Cor 4,1).

Em sua *Carta aos Efésios*, escrita pelo ano 110, Inácio de Antioquia já é testemunha da organização da comunidade em torno do ministério do bispo e dos padres. Ele escreve, utilizando as imagens bem conhecidas da cítara e do canto: "Também convém caminhar de acordo com o pensamento de vosso bispo, o que aliás fazeis. Vosso presbitério com justiça respeitado, digno de Deus, é afinado com o bispo como as cordas com a cítara; assim, no acorde de vossos sentimentos e a harmonia de vossa caridade, vós cantais a Jesus Cristo".

O ministério dos bispos – expresso por este decreto em termos de encargo pastoral – prossegue, sem descontinuidade desde as origens cristãs, com a cooperação dos padres e dos diáconos, para o anúncio do Evangelho e edificação das comunidades e da Igreja (Inácio, Ef 4,1-16).

[Este mistério do Cristo] "desse Evangelho me tornei ministro pelo dom da graça que Deus me concedeu pela operação do seu poder" (Ef 3,7).

O Concílio, tendo já situado claramente o episcopado no povo de Deus, que é a Igreja (LG 18-29), e em relação à corresponsabilidade de todos os batizados, *nossa meditação* centra-se aqui sobre as dimensões colegial e diocesana do encargo pastoral.

Nenhum bispo é por si só responsável pela missão que lhe confia a Igreja. Ele é membro "do corpo episcopal" (4). Há uma dimensão universal do encargo: "Os Bispos, como legítimos sucessores dos Apóstolos e membros do colégio episcopal, considerem-se unidos sempre entre si e mostrem-se solícitos de todas as igrejas" (6). Esta solidariedade, que é, antes de tudo, sinal de comunhão, é traduzida tanto pela ligação com a Sé apostólica de Roma quanto com as outras Igrejas particulares do mundo todo: "os Bispos que, no uso dos bens eclesiásticos, devem ter em conta as necessidades não só das próprias dioceses mas também das outras igrejas particulares, que fazem parte da única Igreja de Cristo" (6).

É a diocese que é o lugar imediato do encargo pastoral. O bispo é encarregado de assegurar a comunhão da Igreja local que lhe é confiada, exercendo a seu respeito "o múnus de ensinar, santificar e governar" (11). Na liberdade e independência que lhe dá sua missão, em particular diante das "autoridades públicas" (19), ele coordena o conjunto das estruturas a serviço da missão eclesial, conselhos e serviços diocesanos, mas também e sobretudo o trabalho dos padres que cooperam mais de perto com seu ministério:

> As relações entre os Bispos e os sacerdotes diocesanos hão de fundar-se sobretudo nos vínculos de caridade sobrenatural, de maneira que a unidade de vontade entre os sacerdotes e o Bispo torne mais fecunda a atividade pastoral de todos. Por isso, a fim de se promover mais e mais o serviço das almas, não deixe o Bispo de chamar os sacerdotes para conversar com eles, mesmo com vários juntos, sobre assuntos pastorais (28).

Um outro aspecto importante da colegialidade é vivido no seio das conferências episcopais. Estas, onde são efetivas, "deram brilhantes provas de tornarem o apostolado mais fecundo". O Concílio ressalta seu benefício espiritual e eclesial: "será muito conveniente que, em todo o mundo, os Bispos da mesma nação ou região se reúnam periódicamente em assembleia, para que, da comunicação de pareceres e experiências, e da troca de opiniões, resulte uma santa colaboração de esforços para bem comum das igrejas" (37).

A credibilidade do encargo específico dos bispos é assegurada, desde as origens do cristianismo, por sua capacidade em confrontar, à frente das comunidades cristãs, a mensagem evangélica da qual são depositários com as necessidades e os recursos de todas as organizações do mundo em que vivem. Disto são testemunhas a longa série dos concílios e dos sínodos que marcam a história da Igreja e as numerosas declarações ou trabalhos sobre as questões essenciais concernentes à vida concreta dos homens e mulheres de seu tempo, inclusive aqueles e aquelas que não partilham ou recusam a fé cristã. O conjunto dos documentos do Concílio Vaticano II é disso um exemplo evidente.

O encargo não é sem dificuldades, mas, com o auxílio de Deus e o sopro – fosse ele imprevisível – do Espírito Santo, pode ser realizado. São Paulo escrevia aos coríntios: "Atribulados por todos os lados, mas não esmagados, postos em extrema dificuldade, mas não vencidos pelos impasses..." (2Cor 4,8). Quanto a sua exortação a Timóteo, ela quase não precisa de comentário:

Proclama a Palavra, insiste em tempo oportuno e no inoportuno, refuta, ameaça, exorta, sempre com paciência e cuidado de ensinar [...] faz o trabalho de evangelista, cumpre teu ministério (2Tm 4,2-5).

Texto para meditar: Jo 21,15-19.

Senhor Jesus, vós que não cessais de chamar em vosso seguimento pastores para vossa Igreja, dai aos bispos a graça divina, a força espiritual e o discernimento para que, por seu ministério, guiem os fiéis batizados em sua missão.

Sexto dia

CHAMADO

O ministério e a vida dos padres

O ministério dos sacerdotes, enquanto unido à Ordem episcopal, participa da autoridade com que o próprio Cristo edifica, santifica e governa o seu corpo (PO 2).
Os presbíteros do Novo Testamento, em virtude da vocação e ordenação, de algum modo são segregados dentro do Povo de Deus, não para serem separados dele ou do qualquer homem, mas para se consagrarem totalmente à obra para que Deus os chama. Não poderiam ser ministros de Cristo se não fossem testemunhas e dispensadores de uma vida diferente da terrena, e nem poderiam servir os homens se permanecessem alheios a sua vida e a suas situações (PO 3).

O ministério dos padres, indissociável do dos bispos e dos diáconos, mas também da responsabilidade própria dos fiéis leigos, pertence à estrutura fundadora da Igreja. Trata-se, certamente, de início, de um *chamado* para cooperar com o ministério apostólico do bispo. Contudo, este chamado, vindo do próprio Cristo e confirmado pela Igreja, situa diretamente o ofício presbiteral na perspectiva do envio em missão: "Como o Pai me enviou, eu também vos envio" (Jo 20,21). "Ide, eis que eu vos envio" (Lc 10,3).

O ofício confiado pelos bispos à ordem dos padres se insere, então, plenamente na missão evangélica e apostólica da Igreja. Evangélica, porque se trata, antes de tudo, do Cristo que chama e envia. Apostólica, porque esse ofício se insere em uma comunidade e tradição sem interrupção, desde a fundação pelos apóstolos das primeiras comunidades. O ministério ordenado – do qual surge, por sua vez, a ordem dos padres – é vital para a Igreja universal, para as Igrejas locais e para todas as comunidades cristãs. Desde as origens até hoje não há, neste plano, nenhuma mudança.

"Não descuides do dom da graça que há em ti, que te foi conferido por uma intervenção profética, acompanhada da imposição das mãos do presbitério" (1Tm 4,14).

Nossa meditação centra-se aqui nos elementos estáveis – natureza e finalidade espiritual e pastoral – do ministério dos padres.

"Todavia, em virtude desta Ordem ter uma parte sumamente importante e cada vez mais difícil na renovação da Igreja de Cristo" (1), é em razão do objetivo de sua missão, que é a de contribuir "não só para aumentar a glória de Deus, mas também para promover a vida divina nos homens" (2). O ministério dos padres, que se recebe do Cristo, é igualmente voltado para Deus e para a humanidade.

Três aspectos são mantidos – três pilares poder-se-iam dizer – do ministério dos padres, que o ligam diretamente às três funções específicas do ministério episcopal, anteriormente evocadas: ensino, santificação e governo.

O primeiro é a proclamação da Boa-Nova ou a responsabilidade evangélica e missionária. *Eles são ministros da Palavra de Deus:* "A pregação sacerdotal... [é] dificílima nas circunstâncias hodiernas do mundo; (...) não deve limitar-se a expor de modo geral e abstrato a palavra de Deus, mas sim aplicar às circunstâncias concretas da vida a verdade perene do Evangelho" (4).

O segundo aspecto é a responsabilidade espiritual e sacramental. Os padres asseguram assim a presença de Cristo nas comunidades cristãs, a Eucaristia sendo, entre os sacramentos, "o tesouro espiritual da Igreja (...) fonte e coroa de toda a evangelização" (5).

O terceiro aspecto é a responsabilidade pastoral ou a edificação do corpo eclesial. "Os presbíteros devem tratar todos com grande humanidade... Na estruturação da comunidade cristã, os presbíteros nunca servem alguma ideologia ou facção humana, mas, como anunciadores do Evangelho e pastores da Igreja, trabalham pelo aumento espiritual do corpo de Cristo" (6).

Um outro aspecto importante do decreto é o reconhecimento da necessidade do presbitério – comunhão e união fraterna de todos os padres em torno do bispo. A reativação dessa instituição, que remonta às próprias origens da Igreja, é um sinal objetivo da colaboração necessária no seio do ministério apostólico: "Portanto, os Bispos, pelo dom do Espírito Santo dado aos presbíteros na sagrada ordenação, têm-nos como necessários cooperadores e conselheiros no ministério e múnus de ensinar, santificar e apascentar o Povo de Deus" (7).

Os padres estão, hoje, confrontados com novas *condições de vida atual... com transformações da vida econômica e social e até dos costumes... com os transtornos da hierarquia dos valores no juízo dos homens...* São evocados "os novos obstáculos que se opõem à fé, a esterilidade aparente do trabalho realizado, e [para os padres] ainda a dura solidão que experimentam" (22). Contudo eles nunca estão sozinhos em seu ministério. Sua ligação com o Cristo e a comunhão fraterna de todo o presbitério são garantias de confiança, de paz interior e fecundidade missionária.

Além disso, "o mesmo Espírito Santo, que impele a Igreja a tentar novas vias para o mundo de nosso tempo, sugere e favorece também as convenientes acomodações do ministério sacerdotal" (22).

No contexto que é o nosso, marcado por uma diminuição do número de padres seculares, é necessário não só rezar para que Deus suscite novas vocações para padres, mas também reafirmar a importância desse ministério, desse compromisso total, desse envio, ao serviço prioritário das comunidades cristãs e da sociedade em seus múltiplos componentes. As provações atravessadas, muitas vezes e amplamente divulgadas nos meios de comunicação social, não podem calar o sentimento dominante de confiança e esperança que não cessa de animar os que se comprometem ou estão já comprometidos, hoje, com o ministério presbiteral.

"Contudo este tesouro, nós o carregamos em vasos de argila, para que este incomparável poder seja de Deus e não nosso" (2Cor 4,7).

Texto para meditar: Jo 13,1-20.

Senhor Jesus, vós que não cessais de enviar ao mundo os que escolhestes para proclamar vosso Evangelho, concedei a todos os padres permanecer fiéis a vosso chamado, confiantes em vosso apoio, resistentes na provação e transmissores de esperança.

Sétimo dia

DOM

A renovação e a adaptação da vida religiosa

Os que professam os conselhos evangélicos, busquem e amem antes de tudo a Deus que primeiro nos amou (cf. 1Jo 4,10), e procurem em todas as circunstâncias cultivar a vida escondida com Cristo em Deus (cf. Cl 3,3), da qual dimana e se estimula o amor do próximo para a salvação do mundo e edificação da Igreja. É também esta caridade que anima e rege a prática dos conselhos evangélicos (PC 6).

A vida religiosa em suas diferentes formas, monástica e contemplativa, apostólica ou leiga, é hoje um sinal forte do *dom* total a Deus por amor. Pela experiência espiritual da ligação com Cristo, pelo testemunho da interioridade, da oração e da acolhida, mas também de uma presença singular no mundo, uma palavra é dita sobre Deus, uma mensagem é transmitida, que não é outra senão a do Evangelho de Cristo.

Em tantos homens e mulheres que podem ser interpelados por esta dimensão do cristianismo e da Igreja, a vida religiosa exprime a presença e o sopro revelador do Espírito, em nós e para o mundo. Como não pensar nestas palavras de São Paulo aos coríntios:

"O que os olhos não viram, os ouvidos não ouviram e o coração do homem não percebeu, isso Deus preparou para aqueles que o amam. A nós, porém, Deus o revelou pelo Espírito, pois o Espírito sonda todas as coisas, até mesmo as profundidades de Deus" (1Cor 2,9-10).

Nossa meditação centra-se aqui em tudo o que a vida religiosa pode trazer para a Igreja universal.

A constituição dogmática sobre a Igreja já havia recordado a importância da vida religiosa: *Ela aparece como um sinal que pode e deve exercer uma influência eficaz sobre todos os membros da Igreja no cumprimento corajoso dos deveres da vocação cristã*. "Portanto, o estado constituído pela profissão dos conselhos evangélicos, embora não pertença à estrutura hierárquica da Igreja, está contudo inabalavelmente ligado à sua vida e santidade" (LG 44).

Se neste decreto se trata antes de tudo de renovação e adaptação, seus fundamentos não são menos evocados. Primeiramente, é preciso levar em conta o caráter próprio e a inspiração na fundação dos institutos, assegurando *a correspondência destes às condições novas da existência* (cf. PC 2). A rapidez e a complexidade das mudanças atuais não atingem em nada a finalidade espiritual e missionária da vida religiosa. "Por isso, os membros de qualquer Instituto, buscando acima de tudo e unicamente a Deus, saibam conciliar a contemplação, pela qual aderem a Deus pela mente e pelo coração, com o amor apostólico; é este amor que os leva a esforçar-se por se associarem à obra da Redenção e por dilatar o seu reino" (5).

Os institutos dedicados à contemplação, pelo silêncio, solidão e oração, têm todo o seu lugar na Igreja, povo de Deus. Eles movem o povo de Deus "com seu exemplo e dilatam-no mercê da sua misteriosa fecundidade apostólica" (7).

Os institutos diretamente consagrados à vida apostólica têm múltiplas formas e são providos de dons diferentes. Sua ação se insere no mesmo nível da missão e da pastoral da Igreja. "(...) é necessário que sua ação apostólica dimane de sua união com Cristo. Sucederá que, desta forma, se alimenta a caridade para com Deus e para com o próximo" (8).

A vida religiosa leiga, "tão útil (...) à missão pastoral da Igreja", é tida em grande consideração, e aqueles e aquelas que fazem a opção por essa vocação são exortados, fazendo a profissão dos conselhos evangélicos, "a adaptar sua vida às exigências modernas" (10).

Quanto aos institutos seculares, que não são institutos religiosos, mas cujos membros, vivendo no mundo, fazem também profissão dos conselhos evangélicos, sua missão específica, reconhecida pela Igreja, é "exercer eficazmente e por toda a parte o apostolado (...); para isso foram instituídos" (11).

Falamos de *conselhos evangélicos*. Quais são? Trata-se das três virtudes particulares de castidade, pobreza e obediência. O Concílio recorda seu valor, como expressão do dom total a Cristo. Elas não podem ser compreendidas e vividas senão positivamente, em perspectiva de liberdade espiritual e de purificação do coração por amor.

A castidade libera especialmente o coração do homem para que se abrase do amor de Deus e de todos os homens (cf. 12). "A pobreza voluntária abraçada para seguir a Cristo" (13), e cujas formas podem ser renovadas, é o sinal de uma disponibilidade total ao chamado da Igreja. "A obediência religiosa, longe de diminuir a dignidade da pessoa humana, leva-a à maturidade, aumentando a liberdade dos filhos de Deus" (14).

Na sociedade atual, o testemunho especial da vida religiosa pode ser um sinal da profundidade da fé e da dimensão transcendente da existência. Ela pode tomar, mesmo mantendo os carismas próprios que a caracterizam e segundo o discernimento da Igreja, novas formas adaptadas às necessidades do mundo. Contudo, o dom continua sendo o primeiro. E ele é antes de tudo um ato de amor, porque vem de Deus Amor.

Há uma perenidade da vida religiosa na história. Sua atualidade é evidente e vem da fidelidade de Deus.

“Eu quero que assim seus corações sejam encorajados e que, estreitamente unidos no amor, cheguem, em toda a sua riqueza, à plenitude do entendimento, à compreensão do mistério de Deus: Cristo em quem se acham escondidos todos os tesouros da sabedoria e do conhecimento” (Cl 2,2-3).

Texto para meditar: 1Jo 4,7-21.

Maria Virgem Santa, vós que dissestes sim, sem reserva, à vontade de Deus e continuais a nos guiar para o Cristo, ajudai aquelas e aqueles que lhe fizeram o dom total de sua vida a irradiar por toda a parte sua presença e seu amor.

Oitavo dia

RESPONSABILIDADE

O apostolado dos leigos

Os leigos, dado que são participantes do múnus sacerdotal, profético e real de Cristo, têm um papel próprio a desempenhar na missão do inteiro Povo de Deus, na Igreja e no mundo. Exercem, com efeito, apostolado com sua ação para evangelizar e santificar os homens e para impregnar e aperfeiçoar a ordem temporal com o espírito do Evangelho; deste modo, a sua atividade nesta ordem dá claro testemunho de Cristo e contribui para a salvação dos homens (AA 2).

Numa Igreja comunhão, em que cada um participa, por seu batismo e em virtude de seus carismas próprios, no anúncio da Boa-Nova evangélica, precisamos recordar a *responsabilidade* particular dos fiéis leigos. Sabemos, para retomar as palavras de São Paulo, que dentro do próprio corpo "temos dons que diferem, segundo a graça que nos foi dada" (Rm 12,6).

Contudo, primeiramente é preciso aceitar concretamente esta complementaridade das funções em nosso investimento comum no serviço da missão da Igreja e na organização de sua atividade pastoral. Única possibilidade para que:

"Todo o corpo realize seu crescimento segundo a função de cada parte" (Ef 4,16).

Nossa meditação centra-se aqui no lugar específico dos fiéis batizados no equilíbrio e na comunhão do corpo eclesial.

Este decreto conciliar insere-se plenamente, completando-a, na perspectiva da constituição sobre a Igreja, na qual é lembrado que os leigos "são chamados por Deus para que, aí, exercendo o seu próprio ofício, guiados pelo espírito evangélico, concorram para a santificação do mundo a partir de dentro, como o fermento, e deste modo manifestem Cristo aos outros, antes de mais pelo testemunho da própria vida, pela irradiação da sua fé, esperança e caridade" (LG 31).

Em razão da *unidade de missão* em Cristo que caracteriza o conjunto do povo de Deus, pode-se dizer que o qualificativo de apóstolos aplica-se igualmente a todos os fiéis leigos:

> O dever e o direito ao apostolado advêm aos leigos da sua mesma união com Cristo cabeça. Com efeito, inseridos pelo Batismo no Corpo místico de Cristo, e robustecidos pela Confirmação com a força do Espírito Santo, é pelo Senhor mesmo que são destinados ao apostolado (3).

Se, nesta participação na evangelização, o testemunho de vida é importante, há também o anúncio direto do Cristo pela palavra, pela presença junto aos não crentes e de todos aqueles e aquelas que, de múltiplos modos, procuram dar um sentido a sua vida. O campo mais amplo do apostolado dos leigos é o mundo em seu conjunto:

> Quanto aos leigos, devem eles assumir como encargo próprio seu essa edificação da ordem temporal e agir nela de modo direto e definido, guiados pela luz do Evangelho e a mente da Igreja e movidos pela caridade cristã; enquanto cidadãos, cooperar com os demais com sua competência específica e a própria responsabilidade (7).

Os domínios em que se exerce esse apostolado específico dos leigos são, então, muito numerosos:

comunidades eclesiais, família, mundo dos jovens, meio social, mas também setor nacional e internacional. É, então, lógico que as formas do apostolado sejam extremamente variadas. O Concílio distingue apostolado individual e organizado.

No apostolado individual – o único adaptado e possível em certas circunstâncias –, é preciso notar os numerosos casos em que os católicos são pouco numerosos e dispersos: Nestas circunstâncias os leigos "reúnam-se oportunamente para dialogar em grupos menores, sem forma estrita de instituição ou organização, de modo que sempre se manifeste aos outros o sinal da comunidade da Igreja como verdadeiro testemunho de amor" (17).

O apostolado organizado exerce-se numa grande diversidade de associações e de organizações que *não são fins em si, mas devem servir à missão da Igreja para o mundo. Seu valor apostólico depende de sua conformidade com os objetivos da Igreja, bem como da qualidade cristã de seu testemunho e do espírito evangélico de cada um de seus membros e de toda a associação.* A Igreja até aqui conheceu e encorajou muitas instituições, em muitos casos reagrupadas sob o nome de Ação católica e caracterizadas pela colaboração entre os leigos e os responsáveis hierárquicos. Essas formas de apostolado, qualquer que seja seu nome, foram e continuam sendo fecundas para a missão da Igreja.

Nenhum modelo, contudo, basta por si mesmo, e a evolução da sociedade atual pode vir, mesmo mantendo as estruturas atuais, a ter de considerar novas estruturas: "Respeitada a devida relação com a autoridade eclesiástica, os leigos têm o direito de fundar associações, governá-las, e, uma vez fundadas, dar-lhes um nome" (19).

O Concílio insiste no apoio que devem dar os bispos ao apostolado dos leigos, reconhecendo e favorecendo sua ação: "Deste modo, a Hierarquia, ordenando o apostolado de diversas maneiras segundo as circunstâncias, vai unindo mais intimamente a seu próprio múnus apostólico uma ou outra de suas formas, respeitando, porém, sempre a natureza e a distinção de ambas as partes, e sem com isso se tirar aos leigos a necessária liberdade de ação" (24).

Os decretos que se seguiram ao Concílio permitiram um melhor reconhecimento da responsabilidade efetiva dos fiéis leigos. Independentemente de todo contexto de dificuldade institucional, simplesmente em razão da natureza mesma da Igreja.

A expressão "apostolado dos leigos" referiu-se a muitos movimentos apostólicos ou de ação católica. Ela pode e deve, hoje, caracterizar não só o desenvolvimento dos movimentos e das novas comunidades, mas também o compromisso apostólico dos leigos numa grande diversidade de associações e de lugares: paróquias, capelanias ou outras numerosas estruturas eclesiais. É bem este conjunto que exprime, complementarmente e em comunhão, a vida e a missão da Igreja no centro de nossas dioceses.

Nós devemos tomar consciência de uma verdadeira transversalidade das responsabilidades, não só operando verdadeiras extinções de divisão entre os diferentes serviços de Igreja, mas reconhecendo igualmente que somos complementares na missão que nos é confiada. Entrar num verdadeiro comportamento eclesial é também fazer o aprendizado da comunhão eclesial. O que adianta cantar: "Nós somos o corpo do Cristo" ou "Povo de padres, povo de reis, assembleia dos santos" se, nos atos, não empregamos os meios de vivê-lo? Como nos ajudar a trabalhar juntos, numa verdadeira colaboração, sem suspeita prévia e aceitando, como sugere muitas vezes São Paulo em suas cartas (Rm 12,10, Fl 2,3), que nós temos alguma coisa a receber do outro?

"Vós sois o corpo do Cristo e sois seus membros, cada um por sua parte" (1Cor 12,27).

Texto para meditar: 1Cor 12,1-31.

Espírito Santo, vós que repartis dons e carismas na Igreja, ajudai a todos os fiéis leigos a encontrar seu lugar em nossas comunidades cristãs e a assumir plenamente sua responsabilidade de batizados.

Nono dia

DIVERSIDADE

As Igrejas orientais católicas

> A Igreja católica aprecia as instituições, os ritos litúrgicos, as tradições eclesiásticas e a disciplina cristã das Igrejas Orientais. Com efeito, ilustres em razão de sua veneranda antiguidade, nelas brilha aquela tradição que vem dos Apóstolos através dos Padres e que constitui parte do patrimônio divinamente revelado e indiviso da Igreja universal. Por isso, no exercício de sua solicitude pelas Igrejas Orientais, que são vivas testemunhas desta tradição, este sagrado e ecuménico Concílio [deseja] que elas floresçam e realizem com novo vigor apostólico a missão que lhes foi confiada (OE 1).

O cristianismo tem suas raízes no Oriente. Ali ele nasceu. Desde os primeiros séculos o desenvolvimento progressivo da Igreja se realizou na *diversidade* das tradições e dos ritos sem que a unidade seja ameaçada. A complementaridade dos Padres gregos e latinos é um sinal forte dessa unidade. Se houve um conflito entre Roma e Constantinopla em 1054, chegando à separação efetiva entre a Ortodoxia e o Catolicismo – os dois estão realmente engajados hoje numa caminhada ecumênica – existem atualmente Igrejas orientais unidas a Roma. Fiéis a sua tradição secular, elas nos permitem também receber frutos espirituais e beneficiar-nos de sua riqueza litúrgica e mística, bem como de seu senso muito forte do mistério cristão.

Como Paulo, dirigindo-se aos Romanos a partir do Oriente e recordando sua unidade de fé com eles, Roma e o Ocidente podem dirigir-se hoje ao Oriente, sabendo que os dois grandes rios derramam, sobre terras diferentes, a água da mesma fonte.

"Realmente, desejo muito ver-vos, para vos comunicar algum dom espiritual que vos possa confirmar, ou melhor, para nos confortar convosco pela fé que nos é comum a vós e a mim" (Rm 1,11-12).

A partir desse breve decreto, *nossa meditação* centra-se nas riquezas do Oriente e na diversidade das tradições na comunhão da Igreja universal.

É o que indica o Concílio, recordando primeiramente o lugar e a função das Igrejas particulares na Igreja universal: "Entre elas vigora admirável comunhão, de tal forma que a variedade na Igreja, longe de prejudicar-lhe a unidade, antes a manifesta. Pois esta é a intenção da Igreja católica: que permaneçam salvas e íntegras as tradições de cada igreja particular ou rito" (2). Essas Igrejas têm os mesmos direitos e são iguais em dignidade "de modo que nenhuma delas precede as outras em razão do rito" (3). Esta vontade, claramente expressa de respeitar e de acolher em toda parte os ritos específicos das Igrejas orientais, vem do reconhecimento de seu patrimônio espiritual e de sua contribuição para toda a Igreja:

> A história, as tradições e muitas instituições eclesiásticas claramente atestam quanto mereceram as Igrejas Orientais em relação à Igreja universal. Por isso, o sagrado Concílio não só honra este patrimônio eclesiástico e espiritual com a estimação devida e com o justo louvor, mas também o considera firmemente como patrimônio da Igreja universal de Cristo (5).

O Concílio confirma o estatuto e a função dos patriarcas orientais, bispos tendo autoridade sobre os outros bispos, padres e fiéis de seu território ou de seu rito. Esta instituição remonta aos tempos mais antigos da Igreja. "Cada um deles preside, como pai e cabeça, a seu Patriarcado" (9).

A celebração do culto divino leva em conta tradições assim como ritos específicos das Igrejas e, entre os sacramentos que podem ministrar os padres, o Concílio restabelece – tendo em conta uma antiquíssima tradição – o da *crismação* (chamado de confirmação no Ocidente): "Todos os presbíteros orientais podem administrar este sacramento a todos os fiéis de qualquer rito, sem excetuar o latino, quer juntamente com o Batismo, quer separadamente" (14).

Lembrando aos católicos orientais a necessidade de sua participação na caminhada ecumênica "pelo melhor conhecimento mútuo, pela colaboração e estima fraterna das instituições e das mentalidades" (24), o Concílio aborda a importante questão das relações com os Orientais separados de Roma. A esse respeito um elemento deve ser lembrado, muitas vezes desconhecido dos fiéis católicos: a validade do sacerdócio na Igreja ortodoxa. Assim:

> Podem ser conferidos aos Orientais que de boa-fé se acham separados da Igreja católica, quando espontaneamente pedem e estão bem-dispostos, os sacramentos da Penitência, Eucaristia e Unção dos Enfermos. Também

aos católicos é permitido pedir os mesmos sacramentos aos ministros acatólicos em cuja Igreja haja sacramentos válidos, sempre que a necessidade ou a verdadeira utilidade espiritual o aconselhar e o acesso ao sacerdote católico se torne física ou moralmente impossível (27).

"A luz do Oriente iluminou a Igreja universal", escreve João Paulo II na abertura de sua carta apostólica *Orientale Lumen*. As duas grandes tradições oriental e ocidental – que este mesmo papa gostava de comparar aos "dois pulmões" que fazem a Igreja respirar – são complementares e indispensáveis uma à outra.

"Eu sou a luz do mundo. Quem me segue não andará nas trevas; terá a luz que conduz à vida" (Jo 8,12).

Texto para meditar: Rm 1,1-17.

Espírito Santo, vós cujo sopro se difunde de uma extremidade do mundo a outra, dai-nos compreender, no interior da Igreja, a riqueza de todas as tradições espirituais em sua diversidade.

OS MEIOS

A Igreja, em sua missão de evangelização, assume também uma responsabilidade educativa e se dá os meios para uma difusão universal da mensagem do Cristo.

AG *Ad gentes*
Decreto sobre a atividade missionária da Igreja.

GE *Gravissimum educationis momentum*
Declaração sobre a educação cristã.

IM *Inter mirifica*
Decreto sobre os meios de comunicação social.

Décimo dia

EVANGELIZAÇÃO

A atividade missionária da Igreja

Ide, pois, fazei discípulos de todas as nações, batizando-as em nome do Pai, do Filho e do Espírito Santo, ensinando-as a cumprir tudo quanto vos prescrevi" (Mt 28,19-20). (...) A missão da Igreja realiza-se, pois, mediante a atividade pela qual, obedecendo ao mandamento de Cristo e movida pela graça e pela caridade do Espírito Santo, ela se torna atual e plenamente presente a todos os homens ou povos para os conduzir à fé, liberdade e paz de Cristo, não só pelo exemplo de vida e pela pregação mas também pelos sacramentos e pelos restantes meios da graça, de tal forma que lhes fique bem aberto caminho livre e seguro para participarem plenamente no mistério de Cristo (AG 5).

Anunciar o Evangelho não é motivo de orgulho para mim, é uma necessidade que se me impõe. Ai de mim se eu não anunciar o Evangelho" (1Cor 9,16). Esta exclamação do apóstolo Paulo exprime bem em seu realismo o que, desde as origens cristãs, caracteriza a *evangelização*:

transmitir as palavras e o ensinamento de Jesus, o Cristo, e ser testemunhas de sua presença. Ninguém pode dizer-se discípulo de Jesus se não fala dele, se não proclama sua fé.

É assim também para a Igreja, cuja vocação não é anunciar-se a si mesma ou dar testemunho de si mesma, mas revelar Deus ao mundo, conduzir as pessoas ao Cristo e transmitir o sopro do Espírito que a atravessa e a mensagem fundadora do Evangelho que a estrutura. A Igreja não se realiza primeiramente por seu equilíbrio institucional, mas por sua missão recebida permanentemente do Cristo: anunciar a Boa-Nova ao mundo, com suas consequências espirituais, culturais e morais.

"A vida eterna é que te conheçam, a ti Deus único e verdadeiro e aquele que tu enviaste, Jesus Cristo" (Jo 17,3).

Nossa meditação centra-se aqui na fidelidade da Igreja à vontade do Cristo: que os homens recebam o Evangelho e descubram a Deus.

O Concílio lembra antes de tudo a dimensão trinitária da missão. O desígnio de Deus o Pai é "chamar os homens a esta participação em sua vida, não só de modo individual e sem qualquer solidariedade mútua, mas constituindo-os num Povo em que seus filhos, que estavam dispersos, se congregassem em unidade" (2). A missão do Filho, assumindo a natureza humana, é de ser o "verdadeiro mediador entre Deus e os homens", de fazer "os homens participantes de sua natureza divina", "estabelecer a paz ou a comunhão com Ele e uma sociedade fraterna entre os homens" (3). A missão do Espírito é unificar e vivificar a Igreja. "Por vezes precede visivelmente a ação apostólica, como também incessantemente a acompanha e dirige de vários modos" (4).

Toda a atividade missionária provém do fato de que a Igreja é enviada pelo Cristo ao mundo inteiro para desenvolver a fé e ser sinal de esperança. Se o primeiro objetivo da missão é "o encargo de pregar o Evangelho e de implantar a mesma Igreja entre os povos ou grupos que ainda não creem em Cristo" (6), não é sem ligação com as necessidades fundamentais da humanidade:

> Também com a própria natureza humana e suas aspirações tem íntima conexão a atividade missionária. Com efeito,

ao dar a conhecer Cristo, a Igreja revela, por isso mesmo, aos homens a genuína verdade de sua condição e de sua integral vocação, pois Cristo é o princípio e o modelo da humanidade renovada e imbuída de fraterno amor, sinceridade e espírito de paz, à qual todos aspiram (8).

O Concílio reconhece que a obra missionária é *ainda enorme* em relação ao número crescente de homens que ainda não ou muito pouco ouviram a mensagem evangélica. "A fim de poder oferecer a todos o mistério de salvação e a vida trazida por Deus, a Igreja deve inserir-se em todos esses agrupamentos, impelida pelo mesmo movimento que levou o próprio Cristo, na incarnação, a sujeitar-se às condições sociais e culturais dos homens com quem conviveu" (10).

A obra missionária se apoia no testemunho, na pregação, no chamado à conversão e na formação das comunidades cristãs: assembleia dos fiéis, estabelecimento de um clero local, formação dos catequistas e promoção da vida religiosa. É neste quadro que o Concílio decidiu, segundo a apreciação das conferências episcopais, o restabelecimento do diaconato permanente (cf. 16).

A missão passa, então, pelo desenvolvimento e pela ação das novas Igrejas que devem sentir, viver e fortalecer sua ligação com a Igreja universal. "Elementos tradicionais elas devem juntar a sua cultura própria (...). Por isso, devem cultivar-se os elementos teológicos, psicológicos e humanos que podem contribuir para fomentar este sentido de comunhão com a Igreja universal" (19).

Contudo a evangelização não concerne só aos missionários "habilitados", cuja espiritualidade e compromisso pastoral são contudo indispensáveis. É a Igreja inteira que é missionária:

> Como o Povo de Deus vive em comunidades, sobretudo diocesanas e paroquiais, e é nelas que, de certo modo, se torna visível, pertence a estas dar também testemunho de Cristo perante as nações (37).

Se falarmos de uma "nova evangelização", ela se insere totalmente na atividade missionária permanente da Igreja. Longe de proibir ou de querer substituir os meios pelos quais, até aqui, a Igreja cumpriu sua missão, trata-se, antes de tudo, de enraizados na tradição mais sólida, mas abertos ao sopro renovador do Espírito, avançar em novos caminhos para fazer conhecer ao mundo a Boa-Nova.

O Cristo nos convida a olhar à frente com confiança e a segui-lo na missão que nos confia, hoje mais nunca.

Precisamos repetir que a esperança, afirmada e vivida no desenrolar de nossas existências e na vida das comunidades cristãs no mundo, não é uma fuga. Ela nos permite, ao contrário, manter uma relação totalmente original com o futuro do qual nos vem permanentemente o chamado à renovação e ao compromisso missionário. O Ressuscitado está na frente. O Espírito Santo não cessa de conduzir nossos passos sobre caminhos inexplorados. O futuro não deve causar-nos medo. A fé não é conservadora. Ela é, até em sua tradição a mais estável, um fermento de renascimento e de criatividade, um dinamismo de progresso e de desenvolvimento, de desdobramento e de mudança. A esperança é indissociável de um itinerário. Ela nos faz peregrinos, migrantes, viajantes e mensageiros de uma Palavra de libertação e de crescimento.

"Eu vim para que os homens tenham vida e a tenham em abundância..." (Jo 10,10).

Texto para meditar: Mc 1,35-39; 6,6-13.

Senhor Jesus, vós que quereis que todos os homens sejam salvos e cheguem ao conhecimento da verdade, ajudai-nos a participar, lá onde estamos, da missão de evangelização da Igreja.

Décimo primeiro dia

FORMAÇÃO

A educação cristã

O sagrado Concílio Ecumênico considerou atentamente a gravíssima importância da educação na vida do homem e sua influência cada vez maior no progresso social do nosso tempo. Na verdade, a educação dos jovens, e até certa formação continuada dos adultos, torna-se, nas circunstâncias atuais, não só mais fácil, mas também mais urgente. Com efeito, os homens, mais plenamente conscientes da própria dignidade e do próprio dever, anseiam por tomar parte cada vez mais ativamente na vida social, sobretudo, na vida econômica e política (Proêmio GE)

Entre os meios que tem a Igreja, em razão de sua responsabilidade humana e espiritual, a *formação* tem um lugar essencial. Os cristãos são, aliás, neste domínio e em nome mesmo de sua fé, solidários com os esforços que devem fazer nossas sociedades para permitir ao maior número possível de jovens e adultos ter meios necessários para a plena realização de sua vida. O que é educar a pessoa hoje, tendo em conta múltiplas redes e canais de informação, de conhecimentos e de debates que constituem seu ambiente?

A Igreja recorda que a Revelação manifestou o que se pode chamar de uma verdadeira pedagogia divina. Esta transparece no ensinamento de Jesus, o "Pedagogo", como o chama Clemente de Alexandria, demonstrando, na obra com esse título, que o Verbo de Deus é o educador da humanidade. Por suas parábolas, seus diálogos e o cuidado constante de formar seus discípulos (Mc 4,1-34), Jesus se comportou como autêntico educador das consciências, não só para seus discípulos, mas para a multidão à qual destinava também suas palavras.

"Ele ensinava como alguém que tem autoridade e não como os escribas" (Mc 1,22).

Nossa meditação centra-se aqui na percepção que a Igreja tem dessa dimensão essencial do desenvolvimento pessoal e social.

A educação, indispensável ao equilíbrio humano, sem distinção de raça, idade ou condição, é *um direito inalienável.* "A verdadeira educação, porém, pretende a formação da pessoa humana em ordem a seu fim último e, ao mesmo tempo, ao bem das sociedades de que o homem é membro e em cujas responsabilidades, uma vez adulto, tomará parte" (1).

Trata-se, para o Concílio, uma vez posto o quadro mais amplo da educação, de abordá-la, mas com os mesmos fundamentos, em perspectiva cristã. "Todos os cristãos que, uma vez feitos nova criatura mediante a regeneração pela água e pelo Espírito Santo, se chamam e são de fato filhos de Deus, têm direito à educação cristã" (2). A formação recebida deve permitir um melhor conhecimento do mistério da fé e uma capacidade de participar da vida da Igreja.

> Além disso, conscientes de sua vocação; habituem-se quer a testemunhar a esperança que neles existe (cf. 1Pd 3,15), quer a ajudar a conformação cristã do mundo, mediante a qual os valores naturais assumidos na consideração integral do homem redimido por Cristo, cooperem no bem de toda a sociedade (2).

Entre os diferentes meios de formação e tendo em conta também diferentes possibilidades pertencentes ao patrimônio comum da humanidade, há sobretudo "a instrução catequética, que ilumina e fortalece a fé, alimenta a vida segundo o espírito de Cristo, leva a uma participação consciente e ativa no mistério de Cristo e impele à ação apostólica" (4).

Contudo os primeiros lugares de educação são, evidentemente, a escola e o conjunto das estruturas do sistema escolar. O Concílio lembra sua missão importante como lugares de desenvolvimento intelectual e de acesso ao patrimônio cultural. Eles constituem "como que um centro em cuja operosidade e progresso devem tomar parte, juntamente, as famílias, os professores, os vários agrupamentos que promovem a vida cultural, cívica e religiosa, a sociedade civil e toda a comunidade humana" (5).

É neste quadro mais amplo que se põe a questão de um ensino religioso nos estabelecimentos públicos. Os debates inevitáveis sobre este ponto, tendo em conta diferentes níveis institucionais, não podem impedir um acordo básico e uma melhor coerência das redes de formação e educação.

“Por isso, a Igreja louva aquelas autoridades e sociedades civis que, tendo em conta o pluralismo da sociedade hodierna e atendendo à justa liberdade religiosa, ajudam as famílias para que a educação dos filhos possa ser dada em todas as escolas segundo os princípios morais e religiosos das mesmas famílias” (7).

A Igreja assume e reconhece igualmente a missão e o trabalho das numerosas escolas católicas. Em sua diversidade e singularidade, elas têm um papel efetivo a serviço da sociedade:

> Visto que a escola católica tanto pode ajudar na realização da missão do Povo de Deus, e tanto pode servir o diálogo entre a Igreja e a comunidade humana, para benefício dos homens, também nas circunstâncias atuais conserva sua gravíssima importância (8).

Como não recordar aqui a contribuição importante do ensino superior católico? As universidades católicas, presentes no mundo todo, honram, por sua competência, a reflexão e a pesquisa de mais alto nível. Elas são, especialmente por suas faculdades de teologia, junções entre a mensagem do cristianismo e o mundo contemporâneo.

O Concílio encoraja todos os lugares de ensino e de educação cristã a sobressair por seu cuidado de inspirar o "espírito de Cristo, na arte pedagógica e no estudo das ciências, que não só promovam a renovação interna da Igreja, mas também conservem e aumentem sua presença benéfica no mundo hodierno, sobretudo no intelectual" (Conclusão).

A formação, inicial ou permanente, deve continuar como o objeto de uma atenção e de um investimento constantes da Igreja, na missão educativa que é a sua. Pelo conjunto de suas instituições, a Igreja está em condição de provocar verdadeiras colaborações com as diferentes estruturas pedagógicas e de formação da sociedade. Herdeira de uma longa tradição de reflexão e de pesquisa, ela continua a abastecer-se na riqueza e na contribuição da Revelação e da Palavra de Deus.

"Toda Escritura é inspirada por Deus e útil para ensinar, para refutar, para corrigir, para educar na justiça" (2Tm 3,16).

Texto para meditar: Jo 3,1-21.

Senhor Jesus, vós que soubestes formar e preparar vossos discípulos para o anúncio da Boa-Nova, dai à Igreja cumprir, no mundo e junto de cada pessoa, sua missão de educação das consciências.

Décimo segundo dia

COMUNICAÇÃO

Os meios de comunicação social

> Entre as maravilhosas invenções da técnica que, principalmente em nossos dias, o engenho humano extraiu, com a ajuda de Deus, das coisas criadas, a santa Igreja acolhe e fomenta aquelas que dizem respeito, antes de mais, ao espírito humano e abriram novos caminhos para comunicar facilmente notícias, ideias e ordens. Entre estes meios, salientam-se aqueles que, por sua natureza, podem atingir e mover não só cada um dos homens, mas também as multidões e toda a sociedade humana (...) por isso mesmo, podem chamar-se, com toda a razão meios de comunicação social (IM 1).

O que é feito hoje dessas palavras do Concílio, cinquenta anos depois da promulgação do decreto e no contexto atual de desenvolvimento ininterrupto das novas tecnologias da informação e da *comunicação*? Estão ultrapassadas? Talvez não tanto como se poderia pensar, pois apenas fazendo referência aos meios já desenvolvidos nos anos sessenta (imprensa, cinema, rádio, televisão), a Igreja reconhecia já claramente a importância, para sua missão de evangelização, de todas as redes de comunicação.

Os cristãos hoje tomam mais consciência de sua responsabilidade, na nova cultura midiática e digital que se desenvolve em todos os níveis da vida pública e da experiência social.

"Como poderiam invocar aquele em quem não creram? E como poderiam crer naquele que não ouviram? E como o ouviriam se ninguém o proclama?" (Rm 10,14).

Nossa meditação centra-se aqui na necessidade de os canais permitirem que a Boa Nova do Evangelho seja transmitida por toda parte e para todos.

Para o Concílio, os instrumentos de comunicação podem contribuir "eficazmente para recrear e cultivar os espíritos e para propagar e firmar o reino de Deus" (IM 2).

O anúncio da mensagem evangélica que tem um alcance universal não pode, então, realizar-se sem essas redes de transmissão cuja influência é considerável, mas apresenta, na proporção de seu desenvolvimento, novas questões éticas.

Lembrando com razão o direito de cada um à informação, o Concílio assinala, no modo de ação dos meios de comunicação, algumas exigências que surgem da ordem moral. "Conta-se o caráter específico com que atua cada meio, nomeadamente sua própria força, que pode ser tão grande que os homens, sobretudo se não estão prevenidos, dificilmente serão capazes de a descobrir, dominar e, se se der o caso, a pôr de lado" (4). Particularmente no que concerne à arte, "a primazia da ordem moral objetiva há de ser aceite por todos, porque é a única que supera e coerentemente ordena todas as demais ordens humanas, por mais dignas que sejam, sem excluir a arte. Na realidade, só a ordem moral atinge, em toda a sua natureza, o homem, criatura racional de Deus e chamado ao sobrenatural" (6).

Contudo, pode acontecer que "a narração, descrição e representação do mal moral podem, sem dúvida, com o auxílio dos meios de comunicação social, servir para conhecer e descobrir melhor o homem e para fazer que melhor resplandeçam e se exaltem a verdade e o bem, obtendo, além disso, oportunos efeitos dramáticos" (7).

O Concílio lembra – tendo em conta a influência das opiniões públicas sobre a vida dos cidadãos – os direitos dos usuários, dos jovens e dos pais, mas também dos produtores e dos poderes públicos. Eles têm, de fato, o dever de proteger “a verdadeira e justa liberdade de que a sociedade moderna necessita inteiramente para seu proveito, sobretudo no que se refere à imprensa; promover a religião, a cultura e as belas artes; defender os receptores, para que possam gozar livremente de seus legítimos direitos” (12).

A Igreja se compromete resolutamente em encorajar os pastores, bispos e padres, e particularmente os leigos, “que fazem uso dos ditos meios, procurem dar testemunho de Cristo, realizando, em primeiro lugar, suas próprias tarefas com perícia e espírito apostólico, e oferecendo, além disso, no que esteja a seu alcance, mediante as possibilidades da técnica, da economia, da cultura e da arte, seu apoio direto à ação pastoral da Igreja” (13).

Os cristãos são encorajados, usando com discernimento os meios de comunicação, a ser “como sal e como luz, darão sabor à terra e iluminarão o mundo (...). Assim, pois, como nos monumentos artísticos da antiguidade, também agora, nos novos inventos, deve ser glorificado o nome do Senhor, segundo o que diz o Apóstolo: 'Jesus Cristo, ontem e hoje, Ele mesmo por todos os séculos dos séculos' (Hb 13,8)" (24).

Muitos aspectos desse decreto conciliar, certamente muito dependentes de seu tempo, já foram substituídos por uma pesquisa efetiva no vasto campo da comunicação. É essencial, hoje, assegurar e manter uma presença da Igreja dando prova de discernimento moral, certamente, mas também de inovação e de criatividade. Há responsabilidade universal dos cristãos, acentuada em particular pelo desenvolvimento da rede internet e das redes informáticas.

Um avanço sério foi realizado com o direito que se reconhece à Igreja de utilizar e possuir, sem exceção, todos os meios e instrumentos que não só servem à formação cristã e à atividade pastoral, mas também permitem – para o bem da humanidade – dar acesso ao patrimônio espiritual do cristianismo.

À sua medida, e no contexto que era o seu, São Lucas, redator do terceiro evangelho e do livro dos Atos, já se mostrava preocupado com a boa comunicação sobre a vida e a mensagem do Cristo:

Visto que muitos já tentaram compor uma narração dos fatos que se cumpriram entre nós – conforme no-los transmitiram os que, desde o princípio, foram testemunhas oculares e ministros da Palavra – a mim também pareceu conveniente, após acurada investigação de tudo desde o princípio, escrever-te de modo ordenado, ilustre Teófilo, para que verifiques a solidez dos ensinamentos que recebeste (Lc 1,1-4).

Texto para meditar: Mt 5,1-16.

Trindade Santa, vós que vos revelais na unidade e na ação diferente das pessoas divinas ao longo da história, ajudai-nos a transmitir e a comunicar o mais amplamente possível a mensagem evangélica.

A ABERTURA

A Igreja, por sua missão no mundo, quer ser sinal da liberdade fundamentada em Cristo, da manutenção, senão da busca permanente, da unidade entre os cristãos e do diálogo com as outras religiões em nome da verdade.

DH *Dignitatis humanae*
Declaração sobre a liberdade religiosa.

UR *Unitatis redintegratio*
Decreto sobre o ecumenismo.

NA *Nostra aetate*
Declaração sobre as relações da Igreja com as religiões não cristãs.

Décimo terceiro dia

LIBERDADE

A liberdade religiosa

O direito à liberdade religiosa se funda realmente na própria dignidade da pessoa humana, como a palavra revelada de Deus e a própria razão a dão a conhecer. Este direito da pessoa humana à liberdade religiosa na ordem jurídica da sociedade deve ser de tal modo reconhecido que se torne um direito civil. De harmonia com própria dignidade, todos os homens, que são pessoas dotadas de razão e de vontade livre e por isso mesmo com responsabilidade pessoal, são levados pela própria natureza e também moralmente a procurar a verdade, antes de mais a que diz respeito à religião (DH 2).

Que ela seja esperada, reivindicada, zelosamente preservada ou celebrada, a *liberdade* é provavelmente a realidade mais cara ao coração humano. Se a longa procura dessa liberdade atravessa a história das civilizações, ela é igualmente um dos elementos essenciais da Revelação, da vida e da mensagem de Cristo e da fé da Igreja. A liberdade cristã é formada pela Palavra de Deus e reavivada permanentemente pela ação e pelo sopro do Espírito Santo.

"Onde está o Espírito do Senhor aí está a liberdade" (2Cor 3,17).

"Vós, irmãos, fostes chamados à liberdade" (Gl 5,13).

Nossa meditação centra-se aqui nos fundamentos evangélicos da liberdade e em suas consequências na missão permanente da Igreja.

Trata-se aqui certamente antes de tudo, no espírito do Concílio, da liberdade religiosa. Contudo ela se inscreve num quadro mais amplo que deve permitir a todo homem exprimir, sem constrangimento, sua fé em Deus, desde o instante em que não prejudique a ordem pública: "Além disso, os actos religiosos, pelos quais os homens, privada e publicamente, se orientam para Deus segundo própria convicção, transcendem por sua natureza a ordem terrena e temporal" (3).

Nós sabemos da importância crescente, na sociedade, dos agrupamentos, da vida associativa ou comunitária. Esta dimensão caracteriza claramente a religião em suas diferentes expressões e particularmente o cristianismo desde suas origens. A liberdade religiosa exige então "que os diferentes grupos religiosos não sejam impedidos de dar a conhecer livremente a eficácia especial da própria doutrina para ordenar a sociedade e vivificar toda a atividade humana" (4). Isso vale, entre outras, para a família que, "pelo fato de ser uma sociedade de direito próprio e primordial, compete o direito de organizar livremente a própria vida religiosa, sob a orientação dos pais" (5).

Sem negar o fato de que a sociedade civil tem o direito de se proteger contra abusos cometidos sob pretexto de liberdade religiosa, a regra geral deve ser observada – no interesse do bem comum – segundo a qual "se há de reconhecer ao homem o maior grau possível de liberdade, só restringindo esta quando e na medida em que for necessário" (7).

Para os cristãos, a razão desta exigência de liberdade tem sua fonte na Revelação plenamente realizada no Cristo, na adesão a sua palavra e ligação a sua pessoa: "Se permanecerdes na minha palavra, sereis, em verdade, meus discípulos e conhecereis a verdade e a verdade vos libertará" (Jo

8,31-32). Contudo essa verdade jamais foi imposta. O ato de fé em Deus e em Cristo sempre foi e deve permanecer um ato livremente consentido:

> Um dos principais ensinamentos da doutrina católica, contido na palavra de Deus e constantemente pregado pelos santos Padres, é aquele que diz que o homem deve responder voluntariamente a Deus com a fé, e que, por isso, ninguém deve ser forçado a abraçar a fé contra vontade (10).

A razão maior dessa convicção vem da atitude e do exemplo de Cristo. Sem que o contexto do Evangelho seja comparável ao nosso, sabemos que Jesus jamais impôs seu ensino ou a opção de segui-lo: "Apoiou e confirmou, sem dúvida, com milagres, sua pregação, mas para despertar e confirmar a fé dos ouvintes, e não para exercer sobre eles qualquer coação (...). Pois deu testemunho da verdade, mas não a quis impor pela força a seus contraditores" (11).

O ensinamento de São Paulo e a prática dos apóstolos foram fiéis ao exemplo do Mestre. Sem negar a legitimidade da autoridade civil e sem recear igualmente opor-se a ela se necessário, "seguindo o exemplo de mansidão e humildade de Cristo, pregaram a palavra de Deus com plena confiança em sua força para destruir os poderes opostos a Deus e para trazer os homens à fé e obediência a Cristo" (11).

A Igreja, hoje, na transmissão e na proposição da fé, não pode ter outra perspectiva:

> Por isso, a Igreja, fiel à verdade evangélica, segue o caminho de Cristo e dos Apóstolos, quando reconhece e fomenta a liberdade religiosa como conforme à dignidade humana e à revelação de Deus (12)

Contudo o que pensar, então, das horas difíceis em que cristãos puderam utilizar o constrangimento violento para impor sua fé? O Concílio precisa que: "Ainda que na vida do Povo de Deus, que peregrina no meio das vicissitudes da história humana, houve por vezes modos de agir menos conformes e até contrários ao espírito evangélico, a Igreja manteve sempre a doutrina de que ninguém deve ser coagido a acreditar" (12).

A liberdade, sob todas as suas formas, até em seus desvios e sem ser jamais definitivamente adquirida, exprime um desejo irredutível de cada ser humano: assumir e conduzir sua vida, realizar-se plenamente mesmo lutando contra o que sufoca, aliena ou quebra a energia espiritual e a vontade de atingir o alvo desejado.

Essa perspectiva ampla sendo admitida, "liberdade religiosa" deveria entender-se em duplo sentido: liberdade, reivindicada por uma religião, de exprimir sua mensagem e seu culto sem constrangimento exterior, mas também capacidade de essa religião manifestar sobretudo essa liberdade dentro de suas próprias estruturas. É difícil exigir o que não se pratica.

Para os cristãos, é pela ligação pessoal com Cristo e pela adesão s sua palavra que a liberdade encontra seu pleno sentido. E é em referência ao exemplo dado por Cristo que, sem impor sua fé a alguém, eles não podem contudo se calar:

"Nós não podemos deixar de falar do que vimos e ouvimos..." (At 4,20).

Texto para meditar: At 2,1-47.

Espírito Santo, vós que abris em cada um de nós e para a humanidade um espaço infinito de liberdade, dai à Igreja manifestar, nela e a seu redor, esta liberdade da qual a ressurreição do Cristo é a fonte permanente.

Décimo quarto dia

UNIDADE

O ecumenismo

Também surgiu (...) um movimento cada vez mais intenso em ordem à restauração da unidade de todos os cristãos. Este movimento de unidade é chamado ecumênico. Participam dele os que invocam Deus Trino e confessam a Cristo como Senhor e Salvador, não só individualmente, mas também reunidos em assembleias. Cada qual afirma que o grupo onde ouviu o Evangelho é Igreja sua e de Deus. Quase todos, se bem que de modo diverso, aspiram a uma Igreja de Deus una e visível, que seja verdadeiramente universal e enviada ao mundo inteiro, a fim de que o mundo se converta ao Evangelho e assim seja salvo, para glória de Deus (UR 1).

Como não abordar aqui, em nossa oração inspirada pelo Concílio, a questão essencial da restauração da *unidade* entre todos os cristãos? Não pode ser de outra maneira quando se sabe quanto o ecumenismo – qualquer que seja a diversidade de suas formas institucionais – é antes de tudo uma iniciativa espiritual. Esse ecumenismo não pode, aliás, ser compreendido fora da oração de Jesus no evangelho segundo São João: "Que todos sejam um como tu, Pai, tu estás em mim e eu em ti; que eles também sejam um em nós, a fim de que o mundo creia que tu me enviaste" (Jo 17,21).

A assembleia conciliar assumiu o movimento ecumênico comprometido desde o início do século XX, mas também pela necessidade inscrita no mais profundo da fé cristã: manter a unidade em Cristo e recuperá-la quando foi afetada ou perdida. Esta procura incessante da comunhão é um dado maior da vida da Igreja católica, não só em suas diferentes estruturas pastorais e missionárias, mas também em sua relação com as outras Igrejas e comunidades que progressivamente se separaram ao longo da história.

"Levai à plenitude minha alegria, pondo-vos em pleno acordo. Tende um mesmo amor, um mesmo coração; procurai a unidade..." (Fl 2,2).

Nossa meditação centra-se aqui na vontade que deve ser a nossa de superar todos os obstáculos à unidade efetiva dos discípulos do Cristo.

O Espírito Santo não cessa de agir, não obstante nossas divisões, ele que "habita nos crentes, enche e rege toda a Igreja, realiza aquela maravilhosa comunhão dos fiéis e une a todos tão intimamente em Cristo, que é princípio da unidade da Igreja" (2).

Se os obstáculos permanecem entre os cristãos, contudo já unidos pelo mesmo batismo e então incorporados ao Cristo, não há dúvida de que as buscas encetadas e as iniciativas tomadas tendem a superá-los. Como reencontrar esta comunhão imperfeita? Apoiando-se sobre o que rcsta de estável e já pode permitir um testemunho comum diante do mundo. Com efeito:

> Também não poucas ações sagradas da religião cristã são celebradas entre os nossos irmãos separados. Por vários modos, conforme a condição de cada Igreja ou Comunidade, essas ações podem realmente produzir a vida da graça. Devem mesmo ser tidas como aptas para abrir a porta à comunhão da salvação (3).

Nesta caminhada ecumênica que se desenvolve, lenta mas irreversivelmente, "mediante o sopro da graça do Espírito Santo, empreendem-

-se, pela oração, pela palavra e pela ação, muitas tentativas de aproximação daquela plenitude de unidade que Jesus Cristo quis" (4). A Igreja católica não renuncia, contudo, a sua identidade e à convicção de que "subsiste" nela a unidade dada desde o começo pelo Cristo. Esta afirmação foi e continua sendo o objeto de debates teológicos às vezes penosos, mas que não impedem em nada a continuidade de uma busca comum com as outras confissões cristãs.

"Este sagrado Concílio verifica com alegria que a participação dos fiéis na ação ecumênica aumenta cada vez mais. Recomenda-a aos Bispos de todo o mundo, para que a promovam com interesse e prudentemente a dirijam" (4).

Como avançar concretamente juntos? Podemos fazê-lo em referência à base espiritual e litúrgica do batismo e assumindo as diferentes contribuições teológicas que não alteram nossa responsabilidade cristã diante dos numerosos desafios lançados pela evolução de nossas sociedades. Várias perspectivas estão abertas:

– *A renovação da Igreja*, que não pode escapar de uma reforma permanente. Diferentes formas dessa renovação devem ser consideradas igualmente "como penhor e auspício que felizmente prognosticam os futuros progressos do ecumenismo" (6).

– *A conversão do coração.* Ela é indispensável na progressão da unidade. "Por isso, devemos implorar do Espírito divino a graça da sincera abnegação, humildade e mansidão em servir, e da fraterna generosidade para com os outros" (7).

– *A oração em comum ou o ecumenismo espiritual.* Esta prática desenvolveu-se felizmente e a regularidade da "semana de oração pela unidade dos cristãos" é um sinal forte. As orações em comum "são certamente um meio muito eficaz para impetrar a unidade. São uma genuína manifestação dos vínculos pelos quais ainda estão unidos os católicos com os irmãos separados" (8).

– *A formação e a maneira de exprimir a fé ou o ecumenismo teológico.* Este progrediu consideravelmente. Os numerosos grupos de diálogo que se constituíram o atestam. "Ademais, no diálogo ecumênico, os teólogos católicos (...) devem proceder com amor pela verdade, com caridade e humildade. Na comparação das doutrinas, lembrem-se de que existe uma ordem ou 'hierarquia' das verdades da doutrina católica, já que o nexo delas com o fundamento da fé cristã é diferente" (11).

A caminhada ecumênica, não obstante certas dificuldades mantidas, está resolutamente comprometida com um caminho que permite já às Igrejas separadas, cujos fiéis são unidos pelo mesmo batismo, reconhecer-se em sua dimensão mais profunda. Até em suas diferenças, as igrejas celebram e anunciam Jesus Cristo. Elas proclamam a Palavra de Deus. Uma palavra de paz, de justiça e de amor pela humanidade.

O que nos opõe a olhos humanos é mais forte do que o que nos une a olhos divinos? Nós sabemos muito bem que se a unidade se realiza plenamente um dia, não o deveremos só a nossas forças, mas ao amor do Cristo que virá ao término de nossas resistências e de nossos bloqueios.

O *Catecismo da Igreja Católica* traduz bem já o limiar atravessado pelo Concílio, precisando (CIC 819): "Além disso, 'muitos elementos de santificação e de verdade' (LG 8) existem fora dos limites visíveis da Igreja católica": "a palavra de Deus escrita, a vida da graça, a fé, a esperança e a caridade e outros dons interiores do Espírito Santo e elementos visíveis" (UR 3).

Com a graça de Deus e o sopro do Espírito a caminhada para a unidade não será interrompida. O patriarca Atenágoras dizia: "Os muros de nossas separações não sobem até o céu..."

"É Ele, de fato, que é nossa paz: do que estava dividido ele fez uma unidade. Em sua carne, Ele destruiu o muro de separação: o ódio" (Ef 2,14).

Texto para meditar: Jo 17,1-26.

Senhor Jesus, vós que viestes reunir o que estava disperso, dai a todos os cristãos ainda divididos, embora tendo recebido o mesmo batismo, chegar enfim, graças a vós, à unidade que pedis.

Décimo quinto dia

DIÁLOGO

As relações da Igreja com as religiões não cristãs

> Os homens esperam das diversas religiões resposta para os enigmas da condição humana, os quais, hoje como ontem, profundamente preocupam seus corações: Que é o homem? Qual o sentido e a finalidade da vida? Que é o pecado? Donde provém o sofrimento e para que serve? Qual o caminho para alcançar a felicidade verdadeira? Que é a morte, o juízo e a retribuição depois da morte? Finalmente, que mistério último e inefável envolve nossa existência, do qual vimos e para onde vamos? (NA 1)

Essas questões, que hoje atravessam todas as culturas e as religiões que lhes estão ligadas, estão na base do *diálogo* necessário entre a Igreja católica e as diferentes tradições espirituais. Era importante que a oração deste último dia honrasse esta dimensão. As relações entre crentes só podem ser marcadas por uma vontade firme de juntos chegar a esta verdade última, uma verdade já inscrita em nossa existência e a cujo acesso cada um, no seio de sua própria religião, tem sua parte de responsabilidade.

Contudo, esse diálogo não é nem sincretismo nem relativismo. Ele só pode realizar-se num respeito total do outro, o que não significa que haja ausência de confrontações exigentes entre os pontos de vista ou as diferentes tradições espirituais. A urgência, em compensação, hoje mais que nunca, é ter uma palavra ou compromissos comuns, em nome da dimensão espiritual irredutível do ser humano.

"Quem age segundo a verdade aproxima-se da luz, para que se manifeste que suas obras são feitas em Deus" (Jo 3,21).

Nossa meditação centra-se aqui nos elementos necessários na condução de nossas relações com todos aqueles e aquelas que têm outras convicções religiosas.

A constituição sobre a Igreja no mundo de hoje já indica o grande ângulo: "Tudo quanto dissemos acerca da dignidade da pessoa humana, da comunidade dos homens, do significado profundo da actividade humana, constitui o fundamento das relações entre a Igreja e o mundo e a base do seu diálogo recíproco" (GS 40).

Pode-se dizer que, no caminho aberto pelo Concílio, o que se chama doravante o diálogo inter-religioso, indissociável de sua dimensão cultural, deu um passo decisivo e constitui um compromisso sem retorno. Todas as religiões, até em suas mais claras diferenças, são chamadas a unir seus esforços e a confrontar suas mensagens com as questões mais urgentes postas pela evolução rápida de nossas sociedades.

> A Igreja católica nada rejeita do que nessas religiões existe de verdadeiro e santo. Olha com sincero respeito esses modos de agir e viver, esses preceitos e doutrinas que, embora se afastem em muitos pontos daqueles que ela própria segue e propõe, todavia, refletem não raramente um raio da verdade que ilumina todos os homens (2).

Quais as razões desse diálogo, em particular com nossos irmãos judeus e muçulmanos? O Concílio lembra o "tão grande o patrimônio espiritual comum aos cristãos e aos judeus", reprova e "deplora todos os ódios, as perseguições e manifestações de antissemitismo, seja qual for o tempo em que isso sucedeu e seja quem for a pessoa que isso promoveu contra os judeus". Ele "quer fomentar e recomendar entre eles o mútuo conhecimento e estima, os quais se alcançarão sobretudo por meio dos estudos bíblicos e teológicos e com os diálogos fraternos" (4).

Lembrando a estima da Igreja pelos muçulmanos que "adoram eles o Deus Único, vivo e subsistente, misericordioso e onipotente", o Concílio, consciente das dissensões e inimizades que se manifestaram, exorta cristãos e muçulmanos "a que, esquecendo o passado, sinceramente se exercitem na compreensão mútua e juntos defendam e promovam a justiça social, os bens morais e a paz e liberdade para todos os homens" (3).

As relações e o diálogo do cristianismo com as outras religiões podem ser o sinal de uma fraternidade universal em razão da "relação do homem a Deus Pai e a sua relação aos outros homens seus irmãos", a Igreja reprovando, enquanto contrária ao espírito do Cristo, toda discriminação ou afronta praticada contra homens "por motivos de raça ou cor, condição ou religião" (5).

Esse diálogo é, hoje, particularmente determinado por uma vontade comum a serviço da paz, uma das grandes aspirações de nosso tempo. Sem subestimar o trabalho doutrinal possível que podem conduzir as instâncias comuns de reflexão e de pesquisa teológica, trata-se exatamente de recordar o que já é possível ser feito, juntos e no interior de cada uma das tradições religiosas e espirituais: orar pela paz no mundo. Diálogo e oração tornando-se então indissociáveis.

Essa foi a mensagem universal transmitida pelo primeiro encontro de Assis, em 1986, desejado por João Paulo II e cujo vigésimo quinto aniversário foi marcado, em 2011, por um novo encontro dos principais responsáveis religiosos, por iniciativa de Bento XVI. Não houve nenhuma confusão nesse encontro, mas uma mesma vontade de afirmar, neste início de novo milênio, a intenção firme de agir juntos a serviço do bem comum e da paz mundial, ultrapassando todas as barreiras ou desconhecimentos respectivos.

O diálogo inter-religioso faz parte da missão evangelizadora da Igreja, mas o que está assumido não poderá mais doravante prosseguir sem traduzir igualmente, em profundidade, a responsabilidade espiritual das religiões.

"Felizes os que constroem a paz: serão chamados filhos de Deus" (Mt 5,9).

Texto para meditar: Salmo 8.

Deus infinitamente grande, misericordioso e próximo, este salmo meditado nos recorda nossa grandeza a vossos olhos e vossa presença no coração de cada ser humano, fazei que sejamos abertos, num verdadeiro espírito de diálogo, com todas as culturas e tradições espirituais do mundo.

PARA CONCLUIR

Em forma de oração universal

Se pudemos dispor nossa oração considerando os grandes tempos do acontecimento conciliar, não há melhor conclusão desta caminhada espiritual que tomar em conta e integrar mensagens do Concílio dirigidas ao mundo. Por uma feliz coincidência, elas são sete... Como os sete primeiros dias do mundo... Acabamento e começo... Pensamos que estas mensagens podiam constituir como que uma grande oração universal.

> O futuro está aí, enfim, no chamado imperioso dos povos a mais justiça; em sua vontade de paz; em sua sede, consciente ou inconsciente, de uma vida mais sublime, a que, precisamente, a Igreja do Cristo pode e quer lhes dar [...]. De nossa longa meditação sobre o Cristo e sobre sua Igreja deve sair neste instante uma primeira palavra anunciadora de paz e salvação para as multidões em expectativa (Paulo VI, 8 de dezembro de 1965).

– *Pelos governantes.* É a eles que *cabe ser na terra os promotores da ordem e da paz entre os homens.* Que com a graça de Deus e a assistência do Espírito, nós os ajudemos a cumprir sua missão a serviço do mundo, no respeito da dignidade humana, dos direitos e da liberdade.

– *Pelos homens do pensamento e da ciência. Eles* são *exploradores do homem, do universo e da história, peregrinos em marcha para a luz.* Que com a graça de Deus e a assistência do Espírito, nós os encorajemos a prosseguir suas pesquisas e a manter consciência de sua responsabilidade, espiritual e ética, na busca da verdade.

– *Pelos artistas.* Eles são *tomados pela beleza e trabalham para ela: poetas e pessoas das letras, pintores, escultores, arquitetos, músicos, homens de teatro e cineastas...* Que com a graça de Deus e a assistência do Espírito, nós lhes manifestemos nosso apoio, reconhecendo sua contribuição para o desenvolvimento da cultura, da arte e da beleza.

– *Pelas mulheres.* A Igreja reconhece seu estatuto *de igualdade fundamental com o homem* e deseja para elas *na cidade uma influência, uma irradiação, um poder jamais atingidos até aqui.* Que com a graça de Deus e a assistência do Espírito, nós estejamos juntos, no amor, na confiança e na responsabilidade partilhada, testemunhas da Palavra de vida transmitida ao mundo pelo Evangelho do Cristo.

– *Pelos trabalhadores.* Num contexto em que se multiplicam os problemas cada vez mais complexos do mundo do trabalho, a Igreja *reconhece plenamente os imensos serviços que, cada um em seu lugar, [...]* eles prestam *ao conjunto da sociedade.* Que com a graça de Deus e a assistência do Espírito, nós participemos, em particular nos contextos de dificuldade social, no estabelecimento de condições sempre mais justas de vida e de trabalho.

– *Pelos pobres, doentes e todos os que sofrem.* Trata-se aí de uma opção prioritária para a Igreja. *O Cristo não suprimiu o sofrimento,* mas a ligação entre o crucificado e os que sofrem é tal que eles não estão *sozinhos, nem separados, nem abando-*

nados... Que com a graça de Deus e a assistência do Espírito, nós lhes manifestemos, sem reserva, e a exemplo mesmo do Cristo, nossa proximidade e a solicitude permanente da Igreja.

– *Pelos jovens.* Eles vão viver *no mundo no momento das mais gigantescas transformações de sua história.* A Igreja tem necessidade *de sua fé na vida e no que dá sentido à vida.* Que com a graça de Deus e a assistência do Espírito, nós os ajudemos com confiança a tomar todo o seu lugar na realização do mundo.

Esta oração conclui, então, o conjunto de nossa caminhada. Contudo ela prosseguirá no caminho recordado pelo Concílio Vaticano II. Nós nos juntaremos, a nossa medida e na comunhão de todo o povo de Deus, à consciência que tinham os bispos e os teólogos de agir para o bem dos fiéis e para a renovação da Igreja universal. Em nome do Cristo e no sopro do Espírito Santo.

"Não te admires de eu te haver dito: deveis nascer do alto. O vento sopra onde quer e tu ouves sua voz, mas não sabes nem de onde vem nem aonde vai. Assim acontece com todo aquele que nasceu do Espírito" (Jo 3,7-8).

ÍNDICE